核心素养背景下
中小学音乐教育及教师专业能力构建

韩晓路　著

武汉理工大学出版社
·武　汉·

内 容 提 要

我国基础教育正从“知识本位”时代走向“核心素养”时代。核心素养背景下的学校音乐教育，更多的是以培养具有良好音乐素养的年轻一代为主要方向。本书先论述了核心素养基本理论与音乐核心素养，主要包括对核心素养的内涵、框架、发展、演变的阐释，以及对音乐核心素养的发展、呈现、价值、特质的分析等。其后依次详细分析了核心素养背景下的小学音乐教育、初中音乐教育和高中音乐教育，并将与之相关的基本理论、教学方法等结合进行分析论述。最后重点讨论了核心素养视域下音乐教师需要具备的专业素养与教学技能。本书内容全面，结构合理，适合中小学音乐教育从业人员阅读。

图书在版编目 (CIP) 数据

核心素养背景下中小学音乐教育及教师专业能力构建 / 韩晓路著 . — 武汉 : 武汉理工大学出版社 , 2023.11

ISBN 978-7-5629-6941-9

Ⅰ . ①核… Ⅱ . ①韩… Ⅲ . ①音乐课—教学研究—中小学 Ⅳ . ① G633.951.2

中国国家版本馆 CIP 数据核字（2023）第 239698 号

责任编辑：吴正刚

责任校对：李兰英　　　　**排　　版**：任盼盼

出版发行：武汉理工大学出版社

社　　址：武汉市洪山区珞狮路 122 号

邮　　编：430070

网　　址：http：//www.wutp.com.cn

经　　销：各地新华书店

印　　刷：北京亚吉飞数码科技有限公司

开　　本：170×240　1/16

印　　张：11.75

字　　数：186 千字

版　　次：2024 年 4 月第 1 版

印　　次：2024 年 4 月第 1 次印刷

定　　价：78.00 元

凡购本书，如有缺页、倒页、脱页等印装质量问题，请向出版社发行部调换。

本社购书热线电话：027-87391631　87664138　87523148

前 言

目前，我国基础教育向"核心素养"时代迈进，这是一个全球性的发展趋势。核心素养基于素质教育，又是素质教育的提升与超越。核心素养理论的提出，一方面继续坚持了素质教育的方向和理念，另一方面回应了信息时代对个人、社会和教育发展提出的新挑战。音乐教育作为我国教育事业中不可或缺的内容，是进行美育的重要途径，是进行德育的生动形式，是进行智育的特殊工具，是人的素质教育中不可或缺的有机构成要素，也是提高公民音乐素养并促进全民整体素质发展的重要因素。音乐核心素养，不仅指学生获得音乐的若干知识、技能和能力，更指向人的精神、思想情感、思维方式、生活方式和价值观的生成与提升。因此，音乐学科不仅是发展学生的艺术素养，更要着力培养学生发展的核心素养。音乐学科的教学，需要有文化的意义、思维的意义、价值的意义和人的意义。音乐核心素养强调的是音乐学科的价值内涵与学生专业成长的综合性和整体性的有机结合，是音乐学科对于学生音乐成长的意义和价值所在。

核心素养视域下的中小学音乐教育更加注重整体性与发展性，更加注重定性与定量结合的综合性评价。随着教学改革的深化，在新的课程规范下，中小学音乐教学在新的环境下得到了进一步的提升。如何培养学生的音乐核心素养已经成为中小学音乐教学的重要目标。"核心素养落地"是今后课程改革中一个十分重要的任务。课堂是核心素养落地的主阵地，而教师无疑是核心素养落地的主力军。核心素养落地给每位一线教师的课堂教学革新发出了严峻的挑战。因此，教师必须改变教学观念，以核心素养视域来研究和改革课堂教学。只有这样，才能应对这个挑战。

全书共分六章。第一章阐述了核心素养基本理论与音乐核心素养，主要包括核心素养的框架与内涵、核心素养的发展与演变、音乐核心素养的发展与呈现、音乐核心素养的价值与特质。第二、三、四章分别详细分析了核心素养背景下的小学音乐教育、初中音乐教育和高中音乐教育。第五章和第六章分别讨论了核心素养视域下音乐教师需要具备的专业素养与教学技能。

从整体结构上来看，全书从理论到实践，全面铺开论述，内容系统且有层次。具体来说，无论是对核心素养背景下中小学音乐教育的阐述，还是对音乐教师能力构建的分析，都采用了深入浅出的方式，将与之相关的基本理论、基本知识、教学方法等按照清晰的逻辑关系阐述出来，对于读者的理解大有裨益。

本书对核心素养背景下中小学音乐教育及教师专业能力构建具有重要意义。撰写过程中，笔者参阅了许多专家、学者的相关理论著作，在此谨向他们表示由衷的感谢。虽然笔者力求理论清晰、观点创新，但由于学识有限，难免有疏漏之处，恳请广大读者批评指正。

作　者

2023 年 3 月

目录

第一章

核心素养基本理论与音乐核心素养

近年来，在教育实践领域和教育研究领域，“核心素养”一词被数次提及。核心素养是每个人发展与完善自我、融入社会及胜任工作所必需的基础性素养，是适应个人终身发展和社会发展所需要的必备品格与关键能力，是个体应具有的起到基础和支撑作用的素养。核心素养对我们每个人来说都是非常重要的，因此，系统地梳理核心素养的整体框架与内涵、发展与演变以及音乐核心素养的呈现、价值与特质，就显得尤为必要。

第一节　核心素养的框架与内涵

我们正在从“知识本位”时代走向“核心素养”时代，这也是一个全球性的教育趋势。目前，包括我国在内的不少国家和地区都将核心素养纳入了课程改革的体系中。

2014 年 3 月，教育部发布《关于全面深化课程改革落实立德树人根本任务的意见》，首次在国家课程改革的文件中明确使用“核心素养”一词，并把研制学生发展核心素养体系作为落实“立德树人”工程十大关键领域中的首要环节。2016 年 9 月 13 日，中国学生发展核心素养研究成果发布会在北京师范大学举行，会上公布了中国学生发展核心素养的总体框架及基本内涵。

一、核心素养的总体框架

学生发展核心素养以培养“全面发展的人”为核心，分为文化基础、自主发展、社会参与三个方面，综合表现为人文底蕴、科学精神、学会学习、健康生活、责任担当、实践创新六大素养，具体细化为国家认同等十八个基本要点。

中国学生发展核心素养，既根植于中国传统文化的土壤，又具有广阔的国际视野、鲜明的时代特性。从内涵上讲，这不仅重视能力，而且重视品格，两者共同支撑，促进人的发展；从功能上看，不仅具有个人发展价值，而且具有社会发展价值，两者统一、融合、互动，相互促进。从整体框架来看，由文化基础、自主发展、社会参与三个维度支撑建构，反映了个体与自我、社会和文化的关系，以丰富的意蕴回答了“教育要培养什么样的人”的本质问题。

二、核心素养的基本内涵

“核心素养”这个词已是深化课改中的被集中使用的关键词汇，它的内涵十分丰富，简言之就是一个人的必备能力和关键能力。核心素养的内涵包括以下几方面：从学科的角度来看，并不单指学科的知识，而主要指个体在现在及未来社会中应该具备的关键能力、知识技能及态度与情感等；从课程的角度来看，核心素养关注的是促进人的全面发展，它是国家教育目标的具体化，是课程和教学目标制订的依据。核心素养的提出，为教育教学改革提供了重点更突出、焦点更集中的目标，为转变教学方式以及学校的管理方式指明了方向。面对日益复杂化、多元化、全球化的文化环境，让未来公民接受高水准的基础教育，提高未来公民的学科素养成了素质教育的核心。

第二节　核心素养的发展与演变

核心素养是一个比较现代的词汇，但其中蕴含的教育、哲学思想由来已久。早在两千多年前，苏格拉底就教育人们要“努力成为有德行的人”。“美德即知识”是苏格拉底伦理学最重要的命题，并由此提出了“德行可教”的主张。后来，无论是亚里士多德还是柏拉图、西塞罗，都提出了公民必须拥有正义、智慧、勇敢、节制等德性。在我国，以孔子为代表的思想家们很早就围绕健全人格进行了思考，形成了“内圣外王”的传统文化人才观，体现了通过内修的济世功用，以实现个人理想和达济社会，进而开创王道社会的政治理想。此外，南宋理学家朱熹主张教育的目的在于“明人伦”，明代思想家王守仁倡导心学，把道德与修养放在学校教育工作首位，明末清初教育家王夫之提出了“立志”“自得”“力行”的教育方法。可见，古人们都将高尚的道德品性作为选择人才的首要标准，这正体现了先哲们对素养内涵的朴素理解。

伴随着工业革命的发生和工业社会的到来，人们重视其对专门行业技能及职业需求导向的关键能力的培养。20 世纪不同学科取向下的研究者以“能力”为中心,对素养的概念内涵进行了新的思考和分析。皮亚杰在发展科学领域将能力解释为一般智力,通过同化、顺应双向建构过程,不断实现个体与环境的交互作用,用以建构知识与能力。加德纳提出了多元智能理论,将智力分为言语—语言智能、逻辑—数理智能、视觉—空间关系智能、音乐—节奏智能、身体—运动智能、人际交往智能、自我反省智能、自然观察智能和存在智能等九种智能。由此看出,在以工业经济为主导的现代社会背景下,人才的培养是能力本位式的,没有全面考虑人的健全发展所需的情感、态度、价值观等。

随着全球化、信息化时代的来临,为了适应复杂多变与快速变迁的多元化需求,人们对传统的能力、技能、智能等概念的内涵进行了扩展与升级,提出了同时包括知识、能力与态度的素养概念,并将其置于关键、核心的地位加强了论证。显而易见,在以信息经济、低碳经济等经济形态为主导的当代社会背景下,人才的培养需要重视核心素养,强调核心素养才是培养能自我实现与促进社会和谐发展的高素质国民与世界公民的基础,它反映了当今时代社会发展的需求。

所以,核心素养概念的发展与演变,与社会的进步、经济的发展以及教育改革的深化息息相关,是人类社会生产力与生产方式发展变化在教育领域的反映与体现。

第三节　音乐核心素养的发展与呈现

音乐是人类表达思想感情的载体,是超越了话语之后最为直接、最为彻底的一种情感表达方式。全世界共有两千多个民族,几乎每个民族都有自己独特的音乐文化。

一、音乐的属性与艺术表现

(一)音乐的属性

1. 物理属性

不管是乐器还是人声,音乐音响的发生从根本上来说就是一种物理现象。对于音乐来说,需要达到一定物理条件才能实现美的效果。这些物理要素包括音高、音强、音色和音长等。

(1)音高

对于人类来说,能够感知的音高大体限制在一定的范围之内。如果超出这个范围,人类就很难感知到这个声音,只有一些动物,如蝙蝠和海豚才能感知到一些远高于人类正常听觉的声音。对于音乐来说,不同国家、不同时期的音乐所运用的习惯性的音高并不相同。从我国古代流传下来的传统曲目中就可以看出,我国传统音乐中的一些音高在西方的音乐体系看来会觉得是一种错误的音准,而且非常难以掌握,但是在我国的古曲演奏中却充当着非常重要的角色,如中立音就是一个非常明显的例子。

(2)音强

音强,顾名思义,就是指声音的强度,一般用“分贝”来表示。在音乐艺术中,由于不同国度审美心理和审美习惯的不同,对于不同音强的音往往会具有不同的选择偏好。对于听众而言,将不同的音并列,在倾听的时候也会带有很强的选择性。例如在我国的传统音乐中,因为我国自古受儒家思想的影响很大,在音乐音强的选择上也往往秉承着中正平和的审美观念,声音的表现常常比较柔和,偏重于内敛含蓄。而且实践证明,这种音乐审美习惯在几千年后依然深深地影响着中国人民的听觉习惯。比如在改革开放之后,西方现代摇滚音乐传入我国,虽然一时间得到了一些年轻人的追捧和喜爱,但是始终没有引起我国国民对它的普遍兴趣。

(3)音色

音色是人的听觉系统对振源所包含谐音列的综合感受。此外,现代音乐声学发现,声音的初始状态对人类听觉的声音感知也有重要意义。因此,人耳主要通过分析谐波序列的结构和声音的初始状态来获得“音色”的概念。

在我国的传统音乐中,最富有特色的音色唱腔出现在京剧之中,我国的京剧唱法显现出明显的差异性,具有鲜明的个性和本民族的特色。

在我国国民的审美心理中,存在崇尚自然和重视人声的情结。在音色的选择上,我们往往认为,来自大自然的就是最天然的。乐器的制作和发音,美则美矣,但和自然的人声相比还是不够地道,即“丝不如竹,竹不如肉”。这是在中国的美学观念中延续了几千年的一个命题,也是道家哲学对中国艺术的深刻影响。

(4)音长

音长,即是声音的长短。发音体振动延续时间的长短是音长的决定性因素,而人的感受能力和审美心理对于音长的感知也会有明显的影响。

在实践音乐艺术的过程中,人们对音乐时间的感知是灵活的。对于相同的节奏值,不同的人往往处理方式不同。

因为西方音乐更强调不同声音的配合与协调,所以节奏往往更加确定和少变。如果节奏不够精准,会导致每个人都不能同时发声,和声的组织与配合就无法实现。然而,中国传统音乐本身并不太注重和声,而是更注重探索丰富多样的旋律的表现力,因此节奏更加轻松、自由。中国传统乐谱只记录音高或指法,节拍、节奏等因素不是很清楚,给不同的演奏者处理节奏留下了很大的空间。

2. 多义性

从审美欣赏惯性来看,美往往存在于一定的距离当中,而最高的美感又往往存在于一种欲说还休的复杂感受之中。从音乐美的角度来看,音符的模糊性和音乐倾听者的个人性又造成了音乐美感的多义性。

所有的艺术都是通过形象来传递美感的,乐音是构成音乐形象的物质媒介,这种非语义性使它不能直观地将内容呈现出来,像美术和影视那样,也不能通过语言文字来将对象准确地描写出来。声乐作品可以借助歌词将作者的意思表达出来,但是在器乐作品中,要想准确把握作品的意思难度较大。不同的人在聆听同一曲目的时候会产生或大或小的感受差异，即便是同一个人在不同的年纪、不同的情形下聆听同一首曲目的时候也会产生不同的美的联想感受。例如门德尔松的著名曲目《春之歌》，我们乍一看标题，就能感受到这是一曲赞美春光的曲目，表达了创作者的兴奋之情。但是将这样的标题预设带进乐曲的聆听中，我们仅仅能够感受到春色的优美宜人、自然的生机勃勃，却无法获知具体的景色情景，那种心领神会的妙境只能借助于听者的想象。

但是，音乐美感的多义性也不是完全不可把握的，乐音虽然不能体现出具体的含义，音乐的产生却根植于一定的地域土壤之中。共同生活于同一种文化之中的人在长期的实践过程中会形成特定的审美取向和比较相似的情感模式。有时，朋友之间的惺惺相惜之情也能超越多义性所带来的隔膜。

3. 空灵性

相对于其他音乐作品的呈现效果都在一定的物质材料上，音乐艺术的重要特色就是形象的缺位，当然也可以借助于模仿来使人联想起大自然中具体的发声体形象。例如，我国琵琶、古琴乐曲中对潺潺流水、山涧鸟鸣的模仿，贝多芬的《田园交响曲》中也出现了对于雷声、风声以及夜莺鸣叫的模仿。但是，在大自然以及人类社会中，一般状态下不发声的物体还是占据了大多数，此时音乐模拟必然失效，最好的办法就是走向对事物特有属性的形象性模拟。例如，通过改变声音的力度可以表现出情感的由弱到强，又由强转弱的整个低回婉转的过程。通过采用象征性的暗示方法，音乐可以表现出那些我们平时听不到，甚至视觉上也难以注视到的事物，此时此刻，只有感觉和乐音相通，才能带给我们巨大的震撼。

(二)音乐艺术的表现

1. 声音的艺术

声音是音乐艺术的素材。从物理性质上看，它是由身体的振动产生的，没有清晰的视觉，不像形状和颜色，它没有确切的含义。从心理上看，它能够吸引人的注意力，激发人的兴趣，控制人的情绪反应。而以此为凭借的音乐艺术是表达人们思想感情的好材料。每位作曲家在创作过程中,都会主动寻求和创作能够表达自己审美意愿的音乐,每个作品的创作,也都包含着创造者的心血。

2. 听觉的艺术

声音还需要人的听力来感受,这就是音乐被称为听觉艺术的原因。听觉感知是音乐审美的基本组成部分,音乐首先表现一种从听觉中获得的感觉,音乐艺术是传达这种感觉的主要手段。通过传达,音乐在人的心灵中生根发芽,最终开出情感的花朵,并结出情感的果实。

3. 再现的艺术

音乐是一种再现的艺术,观众欣赏音乐并不是直接观看乐谱,作曲家将作品创作出来,也不是直接面对观众的,它还需要经过表演者的再现。只有经过表演的再现,观众才可以体会和感受音乐形象,作曲家也才能将自己的创作意图传达给观众。但不同的表演者作为一个独特的个体,对音乐作品都有自己的理解,因此对作品的再现也不是丝毫不差的重复,而是经过了一定的加工和处理,是一次新的创作过程。音乐在漫长的发展历史中,已经形成了一套作曲家创作、表演者表演、欣赏者聆听的完整体系。

随着时代的发展,虽然我们对于音乐的见解和技术不断地更新,但是原始时期和古代的民族音乐心理依然在现代人的民族心理中沉淀着,潜移默化地影响现代民族的审美意识,左右着我们的审美理想和审美追求。

二、音乐核心素养的发展

随着我国经济、科技的迅猛发展和社会生活的深刻变化,党的十八大为教育确立了“立德树人”的根本任务,对全体国民素质和人才培养质量提出了新的要求。音乐学科作为素质教育的主阵地,培养音乐学科核心素养逐渐以国家意志的形式呈现出来。

经过百余年实践、探索和积淀,我国音乐教育工作者对符合音乐教育规律且具有中国文化特色的音乐教育发展路径、方法手段、形式材料等有了较为科学的清醒认识。通过广大音乐教育工作者的不懈努力,目前,我国多数地区和学校的音乐教育生态逐步完善,教学质量稳步提升，音乐核心素养得以被重视。

国家对包括音乐教育在内的美育高度重视，明确提出了全局性的战略指导思想、具体发展目标和保障措施。2013年，党的十八届三中全会通过的《中共中央关于全面深化改革若干重大问题的决定》中提出："改进美育教学，提高学生审美与人文素养。"这十七个字，确定了美育实践的重心——审美与人文，这是音乐学科核心素养至关重要的部分，它反映了当今时代社会发展的需求。

2015年，《国务院办公厅关于全面加强和改进学校美育工作的意见》明确提出："美育是审美教育，也是情操教育和心灵教育，不仅能提升人的审美素养，还能潜移默化地影响人的情感、趣味、气质、胸襟，激励人的精神，温润人的心灵。"美育的科学定位及文件中加强美育的相关措施，反映了关于美育工作的国家意志，引导和保障了音乐教育实践和课程改革沿着正确轨道进行，同时为音乐学科核心素养的提出奠定了坚实的基础。

2022年，《义务教育艺术课程标准》在指导思想中提到："以习近平新时代中国特色社会主义思想为指导，全面贯彻党的教育方针，遵循教育教学规律，落实立德树人根本任务，发展素质教育。以人民为中心，扎根中国大地办教育。坚持德育为先，提升智育水平，加强体育美育，落实劳动教育。反映时代特征，努力构建具有中国特色、世界水准的义务教育课程体系。聚焦中国学生发展核心素养，培养学生适应未来发展的正确价值观、必备品格和关键能力，引导学生明确人生发展方向，成长为德智体美劳全面发展的社会主义建设者和接班人。"

对于音乐教育而言，核心素养的提出正处于我国百年音乐教育历史发展的最好时期。强调核心素养即是推动音乐课程与时俱进、深化音乐课程改革的重要举措。

三、核心素养时代的音乐教学

中国教育已经进入核心素养时代，教育目标发生了根本改变，导致了教学关注点的挪移。核心素养的教学意义，即核心素养理论对教学而言具有怎样的现实意义。近年来，随着新课程的实施和推进，广大教师接受了一个又一个新的理论。但是从现状来看，理论很丰满，现实依然很骨感。只要深入教学现场，我们就会发现，大部分课堂还是以教师讲解为主，以学科为主，以教材知识为主，即使有一些所谓的探究、合作、讨论、互动，也都是在教师预设的范围之内，学生真正拥有的自主活动、自由思想的权利和空间依然很狭小。课堂上知识还是以从教师到学生的线状传递为主，缺少富有生命力的生成和有效联结、渗透。可见，教师对新的教育理论的理解和实施还停留在浅层，并没有真正把握新的现实条件、新的教学活动的内在规律，教师的教学理念以及从事教学活动的信念，与专家所倡导的理论存在很大差异。

音乐课程作为人文学科领域的重要课程，对培养学生的音乐基础知识与基本技能，使学生养成终身发展必备的品格与关键能力，有着其他课程无法替代的作用。提高公民音乐素养是促进全民整体素质发展的重要因素，正确理解与认识音乐核心素养的意义和特性，不仅对于建立与发展音乐能力与品质，整体性揭示音乐学科的育人功能和育人价值具有重要意义，而且还能深入推进基于核心素养的音乐课程改革，为新课程标准的实施及音乐教学提供充分的准备。

第四节　音乐核心素养的价值与特质

一、音乐核心素养的价值

音乐核心素养立足于人的音乐发展，强调音乐学习的各个领域、不同情境中所不可或缺的共同所应有的要求，是关键的、必要的音乐素养。音乐核心素养强调的是音乐学科的价值内涵与学生专业成长的综合性和整体性的有机结合，是音乐学科对于学生音乐成长的意义和价值所在。了解音乐核心素养的价值和特质，对教育工作者的教学实践起着至关重要的作用。

（一）提高学生的审美水平和鉴赏能力

音乐教学价值的核心就在于发展学生的审美能力，而审美能力正是音乐学科核心素养的重要组成部分。就某种意义来说，核心素养视域下的音乐教学就是“审美”教学，因为音乐教学的全部奥秘就在于“发现美、表达美、创造美"。因此，音乐教学若要有效地达成培养学生核心素养的音乐课程目标，唯有站在"审美"的高度观照教材的"音乐价值"，把隐藏在教材中的教学价值挖掘出来，确定与设计核心的学习内容，才能真正实现学生音乐素养的全面发展。

音乐自身所带有的功能是人类所共有的体验。民族音乐是文化中包含着音乐的情感体验、形象思维，是培养当代中国人认识美、欣赏美、表现美、创造美的有效途径。所以，审美教育功能是现代民族音乐在人民群众中发挥的最本质的功能。

音乐是培养人的审美能力的有效途径之一。同理而言，音乐教育就是审美教育的重要组成部分。音乐中包含着词曲作者对真、善、美的理解与认识，表达了美好的思想与情感。它的美通过音色、旋律、节奏、和声、结构等手段表现出来。经过了审美教育的人可以很快地将美与丑区分开来，并形成独特的审美观点，坚持美好的，摒弃丑陋的，将其作为滋养，自己的性格也会变得高尚、美好起来。

（二）激发学生的创造力

21世纪是创新的世纪，这就对学生的培养提出了新的要求——创新。那么如何创新呢？俗话说得好："心灵手巧。""心灵"才能"手巧"，"手巧"反过来更能促进"心灵"。所谓"心灵"就是大脑思维发达，而"手巧"则是指手部动作的发达。由此可见，手与脑是相互促进的关系。音乐教育就是借助手脑相互促进的教育。这从雨果的论断中就可以看出："开启人类智慧的钥匙有三把，一是字母，二是数字，三是音符。"在欣赏音乐和演奏（唱）音乐的过程中，长期处于抑制状态的右脑得到了解放，并兴奋起来，从而突破原有思维的束缚，使人的思维更加敏捷，也使人更加具有创造性。

（三）对学生的心理健康具有引导和矫正作用

音乐对心理健康的作用研究也可以追溯到几千年前。不管是中国还是西方，对此均有所论述。《乐记》中不但记载了人们对音乐的看法，还提出了不同的声音适用怎样的心情。而在西方，亚里士多德同样将人的情感、情绪与生活同音乐联系起来，认为音乐可以将人们的情绪、情感以及心情表达出来。

当今社会是个注重个性、注重自我的社会,在这样的社会生活中,人们显得更为张扬,却失去了以往平和、坚忍的心态与毅力,从而变得更加浮躁,进而衍生出许多心理问题。音乐在矫正心理问题上具有很好的作用,这就使得我们要将其积极地重视起来。对于学生来说,将精力投入到音乐中去,借由音乐来抒发自身的情感,可以学会掌握和控制自己的情绪,形成自律精神。学会懂得用音乐来抒发情感的人,往往也是犯错比较少的人。这在《犯罪心理学》中也是得到证实的。因此,我们要重视音乐教育对学生心理健康的引导与矫正作用。

(四)有利于民族文化的传承

1. 音乐的文化属性

音乐作为文化的重要组成部分,与文化有着密切的关系。从其内涵上看,音乐是文化的一部分,与文化是部分与整体的关系。文化包含了音乐、文学、美术、舞蹈等多种形式。而从其表现上看,音乐与文化又表现出个别与一般的关系。文化是一种比较虚的概念,如果不借助具体的表现媒介,则看不见、摸不着。而音乐则是文化的表现媒介之一。人们所熟悉的音乐、文学、舞蹈、美术等都是文化的表现媒介。文化借助这些媒介,详细而具体地呈现在人们面前。

音乐在不断地流传过程中,也将其所带有的文化不断地传承下来,这是音乐的文化属性之一,然而人们往往将其忽略掉了。这对于学校中的音乐传承(音乐教育)也不例外。之所以说音乐教育具有文化属性,有四个方面的原因:

第一,音乐本身就是文化现象的一种,而音乐是音乐教育的基础与重中之重,这就使得音乐教育本身就带有文化的属性。

第二,音乐教育思潮是社会的重要组成部分。社会人文思想反映到音乐教育领域,就构成了音乐教育的思潮。而社会人文思想是文化的一种表现形式。

第三,从人类历史文明的实践中可以看出,教育与文化历来就是密不可分的。文化的"化"即为教化之意,带有教育、教养的意思。因此可以说,教育本身就是一种文化活动。同时教育作为传承文化的一种重要方式，也与文化互为依辅，且相互制约。

第四，音乐所带有的文化属性决定了音乐教育的形式与发展。在音乐教育活动中，音乐是重要的媒介。它在课堂上主要表现为各种乐曲。乐曲所带有的文化属性是音乐课堂上的直观教学内容，乐曲所形成的特色文化也促进了音乐教育的发展。

对于音乐文化系统来说，其内涵涵盖范围是相当广泛的。它所包含的都是彼此之间存在密切联系的各个部分。音乐教育之于音乐文化系统，主要发挥着传承与发展的作用。

音乐教育既然是音乐文化体系的一部分，自然也受到音乐文化体系的制约。德国著名的教育家斯普朗格曾针对文化与教育的关系作出了分析。他认为教育是文化的一个过程，教育与文化异曲同工。由此可以看出，人类所有的文化都逃不过教育这个话题，教育所带有的文化印记，也使得它在开展过程中必然要融入文化的内容。

既然音乐教育是音乐文化体系最核心的部分，那么就有必要分析其文化内涵。音乐教育在漫长的历史发展过程中，形成了自己的体系和特性。它对于学校、文化和社会的发展都有重要的作用。音乐教育的特性主要表现在以下几个方面：

第一，虽然音乐教育承担着传承音乐文化的责任，但是音乐的传承与音乐教育的发展还是有区别的。特别是作为音乐教育重要组成部分的学校音乐教育，它有自己的特殊性。

第二，音乐教育在漫长的发展过程中，本身也表现出独特的传承性。音乐教育的发展在我国已经有两千多年的历史了。早在我国的周朝，就有了专门的音乐教育机构。到了春秋时期，音乐更被推崇为君子六艺之一。而在西方的古希腊时期，对音乐的学习更是成为一种必修课，甚至上升到法律层面。至于音乐教育的理念，不管是古今中外，都在随着社会的不断发展而逐渐地传承、演变与创新。这种演变是由教育、音乐等的变化而引起的。音乐、教育的演变创新也造就了它不同于其他教育行业的模式与发展趋势。

第三，音乐教育体系自身也表现出独特性。这种独特性既表现在学校音乐课堂授课的完整性上，又表现在音乐教育的实践性上。在音乐教育中涉及的方方面面，如教育目的、教育理念、教学方法、授课模式、教学课程、教学设备等都有自己的特点与准则，并形成了自己独特的体系。同时它们又共同构成了一个完整的体系，保证了学校音乐教育的运行，并丰富了音乐教育，传播了音乐文化。

第四，相对于音乐在文化中的表现而言，在学校课堂上的音乐授课是不同的。它将音乐文化系统与教育系统连接成了一个整体，促进了学生精神层面的提高，同时又为爱好者提供了途径。这一系列的音乐活动，使音乐教育的独立性凸显无遗。

综上可知，音乐教育既具有独立性，又是音乐文化体系中的一部分。作为音乐文化体系中的一部分，它自然地带有文化性和艺术性，同时还以表现文化内容、传播与传承文化为使命。而作为一个具有独立性的完整体系，音乐教育需要与音乐文化体系的其他部分互动联系，才能发挥自己的重大作用，完成自己的社会责任。

2. 音乐教育对民族文化的传承

音乐是人类文明最为鲜活的资料库，也是蕴藏着丰富文化信息的地方，音乐在过去除了传递音乐知识和音乐作品审美情怀之外，也给人们带来了生动的文化知识。关于美的启发让人们对这种知识产生了独特的感情，这是多少教化和宣传都无法做到的，但是在音乐的氛围中却可以“四两拨千斤”地实现。

实施音乐教育，可以传承中华民族的传统文化。多彩的音乐表演不仅能让学生感受音乐带来的微妙体验，也更能深入地体验中国传统文化。在音乐教育中，通过对中国传统文化的研究，可以培养学生潜在的民族意识和更加独特的民族审美观念。

中国传统文化给学生的音乐课带来了强烈的民族荣誉感和历史责任感，有助于学生的全面发展。中国传统文化不仅是展现民族个性的一种方式，而且是中华民族的精神支柱。中国传统文化是中华民族和先民共同缔造的，它代代相传，兴旺发达。这是一种具有鲜明民族风情、深刻意义和崇高传统的文化。目前，中国正在促进与其他国家的交流，以提高中国的综合实力。因此，当前的热点问题涉及中国传统文化的推广，这反映了人们对传统文化的关注和对传统文化影响的认可。这既说明国家的物质基础一定要牢固，也说明精神必须与能力相匹配。

中小学教育的目的在于保证学生德、智、体、美、劳全面发展。音乐教育在促进学生全面发展的过程中具有十分明显的理论意义和现实意义。音乐教育的目的在于向学生传授音乐知识和形成音乐技能，还在于通过音乐教育这种方式将人类优秀的音乐文化遗产传承下去，并使之不断发扬光大。这也是人类社会发展与进步的必然要求。在音乐教育过程中,我们格外要注意对于民族音乐精品的宣传和研究,作为音乐文化传承的载体,这样的精品要既拥有历史底蕴,又需具备现代的创新解读。

(五)有利于情感培养

1.音乐中的情感体验

情感是最为私人化的东西,也是音乐审美教育中的核心内容。情感体验是音乐甚至是所有艺术的刺激源,也是我们理解音乐、欣赏音乐最终要回归的目的地。在音乐学习过程中,学生产生什么样的情感是教育者无法直接预估出并进行干涉的,所以在音乐审美教育的过程中如何对待学生的感情需要我们慎之又慎。

情感体验是从学生聆听到音乐作品之后就慢慢展开的一系列心理轨迹。从感知到音响的振动,发展出初步的感性体验,到联想和回忆,和音乐产生一定的交流与共鸣,最后再到更加深入的理解和认识,懂得音乐背后更加深刻的内涵并丰富自己的人生体验,这是一个从初级到高级、从简单到复杂,有着丰富层次感的过程。当然,这一过程对于不同年龄、不同阶段、不同程度的音乐参与者来说差异是巨大的。

可以说,听众在聆听音乐作品的时候产生的情感体验是进行音乐审美活动的基础。如果没有情感作为支撑,那么便只能停留于表面的形式分析。需要注意的是,音乐作品中所包含的情感和音乐作品形式所唤起的情感两者之间是有差别的。前者是本身固然存在于音乐创作者内心的客观感受,而后者是接收者在音乐作品的感染之下所产生的主观感情。这两者之间存在着一种转化关系。听众在聆听作品时候的代入感越强,所能够感受到的审美感情就越深刻。例如,我们在教科书上常看到这样的句子:贝多芬的《悲怆奏鸣曲》表现了他在失聪之后的悲剧式的愁苦以及忧郁失望的思想感情。其实这样的句子只能笼统地点出作品中的情感,甚至有时显得大而无当,并不能引起读者的感同身受。读者若想加深自己对贝多芬作品的理解,还需下功夫,在反复的聆听之中将自己的感情带入音乐发生的现场。

综上所述，我们在感受音乐作品中的情感之时，必须要了解音乐作为一门艺术的审美特性、理解音乐的本体逻辑思维等，才能在更为准确的层面与音乐作品中的情感产生共鸣。

2. 音乐中的情感与再教育

音乐美育活动在本质上是一种情感活动，音乐美育是否能够成功开展，核心就在于是否能够唤起人们心中的审美感情。音乐几乎所有的功能也都是以情感为中介才能体现、生长的。在音乐审美教育中，存在于学生内心中本能的、生理的情感能量得到了镜像关照，压抑的、未名的、不自主的感情得到了一个出口，自然的感情在音乐的园地化为了审美感情，从而引起了一系列深层次的精神上的愉悦。有的时候，愉悦甚至来自痛苦，是痛苦得到了重视、得到了关照、得到了表达之后而得到的一种精神解脱。另外，需要注意的是，音乐美育并不仅仅是与听众本身固有的情感进行交往，它还同时能够帮助听众建立和培养起新的感情，使学生的感情在美感的基础上得到进一步的延伸和拓展。在人的一生中，人类的情感从婴儿时期最为原始最为本能的情感发展到高级、复杂的情感，需要不断地用审美理念、审美趣味等进行引导。

音乐美育对于学生情感的引导作用主要表现在量的拓展和质的深化两个方面。所谓量的拓展意味着学生在音乐作品的聆听当中感受到自己以前从来没有体会过的感情，从而在量的层面上增加自己的情感阅历。在聆听那些由作曲家的伟大人格所铸成的乐曲的时候，学生的精神世界也会逐渐变得丰富起来。例如，对于当代的青年学生来说，我们从未有过战争的经历，战争的经验和战争时的情感体验已经离我们格外遥远了。但是在音乐欣赏课上，当学生们听到《松花江上》等创作于抗日时期的经典歌曲的时候，依然会被一定程度上带进那个战争的年代，并产生一种对故土的眷恋，一种保家卫国、同仇敌忾的豪情壮志。再如，现在久居城市的大多数学生，也几乎很少有过田园生活的经历，但是在《牧童短笛》等优秀作品中，我们依然可以感受到一种穿越时空而来的乡村气息，甜蜜质朴，渗透着土地特有的清香。心理学的研究证明，情感并不只是一种单纯的感性体验，其本身还包含着与理性因子有关的认知因素，因为情感的产生就本质来说还是以对象是否满足了人们的需要从而产生评价为前提的。

另一方面，学生在聆听音乐的时候，情感也会在质上得到提高和升华，这种质的提高和升华对于音乐的接收者来说有着非同一般的意义，这也是音乐爱好者和研究者在音乐的聆听过程中所心心念念的。一般来说，音乐欣赏者在听到音乐之前已经在心中拥有了许许多多潜移默化的情感，但这样的感情还属于自然情感，这种情感还有着很强的自然功利性，是人对于客观事物是否满足自己需要的一种反应。但是在音乐欣赏的过程中所产生的感情并不带有强烈的现实功利性，而是带有一定的非现实性和虚拟性。可以说，自然感情在这里已经完成了蜕变，转化为了一种纯精神享受性质的审美感情。

当然，这两个方面也并不是孤立的，而是相互交融、相互结合的，两方面共同作用，这样才能够使音乐接受者的情感得到深化、得到拓展。

（六）有利于进行形象思考、开阔视野

（1）进行形象思考。例如，在《平湖秋月》的开头，右手演奏的三十二分音符，就像微风吹过湖面，带来花香；左手的起伏，就像夜湖上微风吹起的小浪，远处传来隐隐的铃声。学生在美妙旋律中产生无限美好的联想。另一个例子是《赛马》，这是一首独奏曲。演奏时，仿佛草原上有成千上万匹马驰骋，生动地描绘了蒙古族牧民庆祝赛马的情景。学习这些丰富多彩的传统音乐，可以在一定程度上提高学生的想象力。

（2）开阔视野。有时，音乐家可能也是思想家、作家。他们在其他领域学到的知识也表现在音乐上。学生在学习传统音乐时，可以开阔视野，增加知识，全面发展。

（七）有利于促进社会交往

这里的社会交往功能并不仅仅指的是沟通、交往，而是从广泛意义上指民族音乐的社会功能，包括道德教化、群体意识等。

首先，在道德教化方面，音乐因为具有富有感染力的感性形式，往往能够在情感深处打动人心，这也就意味着音乐会影响人们的政治态度（在普通民众中间，政治态度往往是以情感态度为基础的）。另外，优秀的音乐作品可以陶冶人们的高尚情操，净化人们的心灵，继而在道德上也会影响人们成为一个对社会有价值的人。

其次，在群体意识方面，音乐是一个民族共同的情感记忆，是维系一

个民族长久发展的心理纽带。音乐可以唤醒学习者刻在骨子里的基因密码,在长久的积累之后,最终能够形成一个民族的情感向心力。

(八)具有人文关怀价值

从艺术最开始的诞生来说,它的出现来自人类一定程度上无意识的创造。但是,在后代更加成熟、更成体系化的发展过程中,艺术的演变告诉我们,真正丰富的艺术必然要来自人对自我和人生的觉知以及对清醒领悟的渴望。所以,可以说,艺术是人类摆脱种种异化和束缚,表达"自我意识",追求自由境界的产物。在艺术的创作和鉴赏活动中,人能够获得一种绝对赤裸、绝对无价值又绝对无功利的共鸣,将自己对于生活的领悟融入其中,艺术的美又能带领主体超越世俗的批判和价值,从而在最根本的意义上关照自我的生命。这种"超越"是人作为人,作为生命,最为精彩辉煌的确证。

音乐可以说是"生命的形式",音乐标志着人类的心灵从心理活动模式向声音模式的转换。即便是最难以表达、最为幽微短暂的内心活动也可以反映在音乐上。音乐也是一种生命,是自我细节和音乐细节之间天衣无缝的汇合。音乐帮助我们表达了内心的状态,让我们的情感得以显化,它支持我们的见解,又从最生动、最真诚的地方引导我们反观自己的见解。

音乐美育就是在这个意义上来塑造人的生命根基,音乐美育教给学生的是一种在音乐之美中确证自我的能力。

二、音乐教育特征

(一)音乐教育的人本化

人本化要求在音乐教育的过程中主要掌握以下几个问题,即我是谁,我想成为怎样的人,我应该怎么来实现,如何通过学习来领悟人性、人情、人本、人道以及人的各种感情。

自古以来,在我国的音乐教育中就有"人本化"和"技艺化"两种教学模式。"人本化"教育的代表主要是孔子。它以素质教育为前提,重视伦理教育与内涵教育。“技艺化”教育则以宫廷教坊梨园为代表。它偏重于以“一技之长”为目标，着重训练音乐表现手段和能力。两者互为依辅，却又各有偏重。

对于两者的关系，《乐记》中有载：“德成而上，艺成而下。”可见，古人是更为注重“人本化”教育的。但是中国现代音乐教育的兴起主要是受西方思想的影响，而西方更为注重技艺。这就使得我国现行的音乐教育体制更为重视技艺的因素，而忽略了“育人”。当面对当今社会这个多元知识结构的信息化社会的挑战时，重启对“育人”的重视变得尤为重要。

那么，如何实现音乐教育的人本化呢？四书之一的《大学》提出了“修身”“正心”“诚意”，这既可以看作是实现人本化的手段，也可以看作是实现人本化的目的。至于现代音乐教育，要实现音乐教育的人本化，首先就是要确定人在教育中的独立地位，着重追求德智体的全面发展，而淡化对考试分数、比赛成绩的追求。具体来说，实现音乐教育人本化的措施可以分为三个方面：

其一，从环境入手，营造适合学生健康成长的音乐环境。

其二，从施教者入手，调动教师的积极性，发挥教师言传身教的影响力。

其三，从音乐自身入手，将音乐视作传播知识、加强交流沟通的重要手段；挖掘音乐自身的内涵力量与哲学内涵，以更好地完善人性。

在音乐教育中，学生掌握了全面的音乐技能，多样的文化知识，提高了自身的思想道德素质，那么实现音乐教育人本化也就近在眼前了。

（二）音乐教育的审美化

音乐教育的审美化突出地表现在“灵性与悟性”“他娱与自娱”“理性与生命”“体验与即兴”四个方面。这四个方面是既相互关联又相互矛盾的。对它们的分析即是对音乐教育根本性方向问题的探讨。

在“灵性与悟性”的分析中，前者分析的是人生来就带有的聪明才智，是来自遗传基因的素质；而后者是人通过后天努力成长起来的素质。这两者是对自然美与人性美的探讨。前者在音乐教育过程中不断被发现和改造，从而不可避免地带有人性化，而后者则经过不断地蓄积，最终得以升华。

在“他娱与自娱”的分析中,前者更多地体现在教师的施教过程中,是学生对教师施教过程的感悟,后者主要体现在学生对音乐自身的体验。要实现音乐教育的人本化,必须要尽快地转变“他娱”的课堂角色模式,鼓励和激发“自娱”行为。

在“理性与生命”的分析中,前者主要是对音乐知识技能的分析,强调音乐的逻辑性、严谨性与有序性,重在分析音乐描绘情感的可信性,而后者更多地强调音乐对生命体验与思想情感的表达。在音乐教育人本化的实现过程中,要合理控制对音乐理性分析的灌输,同时突出对音乐生命形式的表达。

在“体验与即兴”的分析中,前者更注重以纯技术尺度为准则,崇尚音乐体现的准确性,要求在充分准备的基础上,进行音乐表演,而后者则强调对音乐表现的自由性,以即兴的二度创作行为为引导,无拘无束地探索音乐表现的自我超越性。

(三)音乐教育的情感化

20世纪音乐教育的坚实基础是规范化的音乐技术、科学化的理性知识、严密的逻辑思维。在科技日益发达的今天,这种模式的教学无疑也会成为定势,对“技术至上”的追求甚至成为主导。然而这种模式实际上却是模糊了科学与艺术的界限,背离了音乐教育的本质。事实上,当无情的音符组合成为有生命的音乐,那么单纯掌握音乐技术就不够了。音乐是艺术,音乐教育对音乐的阐释必须以人的情感想象为特征,让施教者与受教者在情感交流中完成音乐的再现,满足音乐审美的需要。

当前音乐教育出现的种种弊端均与模糊了科学与艺术的界限有关。音乐教育本位的缺失,导致音乐教育成为一种单纯的技术灌输,从而无法发挥音乐教育真正的效能。在科技全方位发展与音乐教育的今天,必须要特别关注音乐情感的把握、交流与激发,回归音乐教育本位,以提高音乐修养为前提进行素质培养。

(四)音乐教育的个性化

音乐教育对个性化的重视是对人自身尊严与价值不断追求的结果,

也是对唯科学化至上的教学思维的突破。音乐教育中的个性化,是对学习者主体意识的重视。主体意识的觉醒,能够给学习者在音乐创作、音乐欣赏、音乐表演等课程中提供更广阔的空间。

近年来,已经有许多人认识到了个性化在音乐教育中的重要地位,从而摆脱了单纯说教的教学模式,突破了纯技术训练的尖子生培养模式,开始将音乐创作力和想象力作为自始至终的追求目标,使学生在音乐教育过程中挖掘自身音乐潜力,丰富自身音乐想象力。

(五)音乐教育的人文化

对音乐教育人文化的提倡是从“专才体系”转向“通才体系”的突破。对“人、艺、文”的强调是一直以来都在提倡的,但却始终没有解决。长期以来,我国的音乐教育始终以音乐技能训练为主。但在当今的新形势下,这种模式却明显不再适用。

20 世纪以后,现代科技出现了人文化的趋势,作为人文范畴的音乐教育需要与时俱进,在坚持“艺”的前提下,加强“人”“文”的培养。“一专多能”的口号虽然早已提出,但往往突出了“一专”,而忽视了“多能”。“一专”是在精英教育背景下发展起来的办学理念,它并不适合于现在社会对人才发展的需要。“一专多能”在新形势下应赋予新的内涵,转而变更为“多能一专”。为此,学生必须了解音乐教育在知识与能力结构上应该先突出“面”,突出“博”,然后追求“点”,追求“专”,“博”“专”共进,和谐发展。

三、音乐核心素养的意义和特性

音乐核心素养,不仅指学生获得音乐的若干知识、技能和能力,更要指向人的精神、思想情感、思维方式、生活方式和价值观的生成与提升。因此,音乐学科不仅要发展学生的艺术素养,更要着力培养学生发展的核心素养。音乐学科的教学,需要有文化的意义、思维的意义、价值的意义和人的意义。音乐核心素养强调的是音乐学科的价值内涵与学生专业成长的综合性和整体性的有机结合,是音乐学科对于学生音乐成长的意义和价值所在。

音乐核心素养的意义和特性主要体现在以下几方面。

（一）综合性

音乐核心素养包含的不是单纯的音乐知识，也不是单独的音乐能力和音乐思维。音乐核心素养不是对音乐教育三维目标的分解，而是将三维目标进行整体化的综合理解。

（1）音乐核心素养的内容具有综合性。音乐素养不是由单一的内容构成的，而是多项内容的整合，多项内容相互之间关系密切、不可分割。例如，音乐基础知识与基本技能的获得，是学生感受音乐、体验音乐、理解音乐的根基，是发展审美体验、表现能力和创造能力的基础。音乐基础知识和基本技能的获得，依赖音乐听觉与实践，反之，音乐听觉的发展也必须有音乐基础知识与技能作支撑。

又如，音乐能力是学生学习音乐及进行音乐审美构建的保证。同时，音乐表现能力的发展也必须以音乐鉴赏能力和音乐基本能力为基础。再如，文化视野是音乐审美能力形成的有效途径。音乐课程对文化修养领域中人文与审美素养的培养，不仅需要学生了解音乐的艺术形式和音乐文化特征，如声乐、器乐等，还需要引领学生了解音乐与其他艺术的关系，理解音乐发展与社会发展的相互影响。这既包括了对人文的理解与接纳，又包括课程本身对文化资源的选择与创新。

此外，学会学习与合作学习，是音乐核心素养发展中自我发展的重要组成部分；探究音乐问题的能力，是学生音乐创造能力的主要构成部分，是个体自主发展和参与音乐活动的必要基础。

（2）音乐核心素养在构成体系上具有综合性。音乐核心素养不是单一的内容，而是一个多领域构成的体系。音乐核心素养的体系涉及“文化修养”“社会参与”“自我发展”三个领域，其相互之间具有交叉和包含的关系。音乐素养包含在“文化修养”之中，“文化修养”又是个体“自我发展”和“社会参与”的必要基础。其中，每一个领域都有不同的核心指标。在音乐学习过程中，每项核心指标不是游离于其他指标独立发展，而是与同领域以及其他领域的相关指标融合在一起的，在多领域学习中通过交融互补实现素养生成。

（二）发展性

1996年，联合国教科文组织“国际21世纪教育委员会”的报告《学习——内在的财富》中明确指出，教育的使命是每个人（无例外地）发展自己的本能和创造潜力。实施素质教育就是为了适应社会发展和人的自身发展的需要，全面提高学生素质，开发学生的潜能，使学生学会发展，使之能够立足社会，跟上时代。所以，学会发展是素质教育的主旨。培养核心素养的教育，所倡导的学习是一个过程，不仅是获得知识和技能的过程，更是特定的情感、态度、价值观持续发展的过程。

音乐教育与国民素质的关系一直以来都是密不可分的，提升基础音乐教育的过程也就是提高国民素质的过程。音乐核心素养是学生不可或缺的必备品格和关键能力，学生的音乐审美观、审美情趣、审美意识、丰富的情感、优秀的道德品质，都可以通过提升音乐素养来形成。

音乐核心素养并不是与生俱来的，而是通过后天的学习和修养获得的。在不同的教育阶段，学习主体呈现出阶段性特征，显示出不同的文化水平与能力，音乐核心素养水平也是如此。音乐素养的形成具有阶段性，通过不断发展与完善，学生在不同的发展水平上体现出不同的发展层次，其培养过程是一个循序渐进、不断深化的发展过程。

（三）实践性

音乐核心素养的获取是通过聆听、体验、感受等音乐实践以及音乐能力的培养来实现的。在音乐学习过程中，教师可以通过聆听、演唱、演奏、综合性艺术表演和音乐创编等多种实践活动，培养学生的音乐素养。实践性是音乐核心素养的特性之一。

音乐素养的核心是音乐能力，包括思维能力和操作技能两个方面。在音乐学习过程中，学生不仅要获得对音乐的认识与感受，还要掌握一定的音乐技能。《义务教育艺术课程标准（2022年版）》强调："各课程标准基于义务教育培养目标，将党的教育方针具体化细化为本课程应着力培养的核心素养，体现正确价值观、必备品格和关键能力的培养要求。""艺术从某种意义上说，是一种多样化的人类实践。艺术是人们在一定的语境中，对特定的材料（或素材）用特定的方式进行组织、改变、表现、理解，并在这个过程中赋予其表情和意义的行为。艺术的实践性体现在艺术的创造、表现、欣赏以及将这些活动与文化相联系的行为上。因此，艺术课程也是学生进行各种艺术实践的活动过程，具有实践性的特点。"

音乐并不仅仅是声音的艺术，也是存在于许多不同音乐实践或音乐中的一种多样化的人类实践活动。因此，实践性是音乐的重要特点，音乐的实践性本质也决定了音乐课程的实践性特点。音乐教育不仅应当关注音乐实践活动的结果（即最后形成的音乐作品和音响，教学中主要是指音乐聆听与欣赏），也要关注音乐实践活动的过程，即各种唱、奏、动、创作等使音乐音响得以产生或表现的活动过程。同时，音乐的实践性还体现在它不具有语义的确定性和事物形态的具象性。它不像语言那样有约定性的语义，每一句话，甚至每一个字都有约定俗成的特定意思，其本身不会有确定的含义，音乐是非语义性的。音乐也不同于绘画、雕塑、摄影等能表现事物形态的视觉艺术，可以让人们直观地感受到所表现事物的具体形态。语言和视觉艺术能让人们通过阅读、观看其最后的作品（如文本、图画）的方式感知、理解其表现的意思及内涵，感受其艺术价值所在，而音乐则无法通过阅读乐谱来感受和体验其艺术价值，音乐只有通过聆听或演唱、演奏等表演活动，才能真正让人感受和体验其艺术表现力和艺术价值。因此，音乐课程各领域的教学只有通过聆听、演唱、演奏、综合性艺术表演和音乐编创等多种实践形式才能得以实施。学生在亲身参与这些实践活动的过程中，获得音乐的直接经验和丰富的情感体验，为掌握音乐相关知识和技能、领悟音乐内涵、提高音乐素养打下良好的基础。

第二章

核心素养背景下的小学音乐教育

随着教育的发展，小学音乐教学模式发生了巨大的变化，最显著的变化是，教学过程更加注重培养学生的核心素养。学生审美能力的全面提高，能让学生更好地发展自己的精神内涵，促进实践和创新能力的发展。小学音乐教育的意义，不仅在于能促进小学生掌握音乐知识，提高音乐欣赏能力，更在于能促进小学生身心和谐发展。它是素质教育的必然要求，也是我国教育方针的明确要求。

第一节　小学音乐教育的重要意义

音乐教育是一种以音乐为媒介、以审美为核心的教育形式。通过校内外的双重音乐教育实践，可构建学习者的审美意识，陶冶其情操，开发其心智。鉴于此，要迅速提高音乐教育水平，就必须在遵循教育学普遍规律的基础之上，根据音乐艺术的特性及其不同于其他学科的研究方法，揭示其所特有的规律、理论、方法、发展及形态，从而推动音乐教育改革在健康的轨道上深化发展。随着社会文明的进步，人们对精神文明的追求日趋丰富，这使得音乐教育在社会生活和素质教育中的地位和作用日益凸显，故而对音乐教育的多维探索与改革已经成为教育领域中的一项挑战与价值并存的重要课题。

学生因生理发育、知识结构、能力水平、学习兴趣等因素的成熟程度不同而形成各自的年龄特点。一般来说，各种年龄的学生都有着本年龄段的共性特点，教学中切不可忽视这一点。就小学阶段的学生来说，其特点是好动，注意力不易集中，也不易持久。因此，课堂教学类型要新颖生动、活泼而有变化，应避免那种单调而无变化的教学类型。此外，在小学阶段，孩子的思想仍然以形象思维为主，很难直接向学生传授深奥的理论知识。音乐教师应该善于分析学生的心理特征和思维方式。在传统的小学音乐教学中，教师一般采用“说教式”的方法，教师在课堂上唱一句，学生跟着唱，无视学生在课堂上的主观性。因此，在新的课程规范的背景下，有必要改变小学音乐教学的传统理念。在课堂教学中，教师要注意强调学生的主体地位。课堂上，教师应该与学生互动，激发他们学习的兴趣和积极性，探索新的音乐学习方法，发掘他们的潜能和音乐领域的创新能力。

随着时代的发展，在逐步推进新课改的基础上，深化教学改革，探究小学音乐教学实践研究，就要在小学生掌握必要基础知识和基本技能的基础上，着力提升其文化理解、审美感知、艺术表现、创意实践等核心素养，这对加快小学音乐学科的创新发展有着十分重要的意义。加强对小学音乐教学实践的研究，有助于更好地培养小学生对音乐的兴趣，发展小学生的音乐感受力与鉴赏能力、表现能力和创造能力，从而提高小学生的音乐文化素养，丰富小学生的情感体验，陶冶小学生的高尚情操，达到提升小学生的审美能力和人文素养的目的。

音乐教育的实践证明，有意义的音乐活动将成为人们在追求自我发展与自我完善过程中不可或缺的人生体验。音乐的意义就存在于音乐自身之中，它的作用在于感染人、鼓舞人和教育人。小学音乐教育的意义也正是在这个过程中使人的发展得到完美实现的。

一、培养学生的民族意识与民族精神

五千年来，中华民族创造了悠久的传统文化，它们源远流长，与时俱进，为世界发展作出了贡献。根据学科特点，将音乐教育与中国传统文化相结合，有利于培养学生的民族意识和民族精神。

我国从20世纪30年代音乐创作有了更进一步的发展。音乐的民族化倾向在这一时期表现得格外明显，这不仅意味着音乐在中西方结合的道路上有了深入的探寻，同时也意味着民族意识在这一时期音乐中的觉醒。抗日战争的爆发，国破家亡的痛苦深深地撕裂着音乐家敏感的内心。这一时期，一大批拥有进步思想的音乐家将自己的创作热情和赤子之心投入到了歌曲的创作当中。爱国情怀、民族精神、深沉忧思以及创新意识在这一时期的歌曲中展露无遗。

抗日战争爆发后，大量爱国歌曲涌现出来。《义勇军进行曲》凭借振奋人心的歌词和高昂的旋律被选为中华人民共和国的国歌。教师在音乐课上向学生讲述这首歌的创作灵感和背景，可以激发学生强烈的民族意识和爱国热情。

民族精神培养的关键时期在小学。小学是学生大脑结构与机能发展最重要的时期，这一时期学生对于外界新鲜事物和未知事物的探索有很强的渴望，好奇心和期待值也呈上升趋势。教师这时只要抓住学生的生理发展规律，将《新学堂歌》《义勇军进行曲》等优秀的民族音乐作品引入音乐课堂，拓展更多的有关民族精神内涵的内容，就可以调动课堂的气氛，激发他们的学习欲望，还有益于协同其他课程的教学并收到事半功倍的效果。

二、蕴含着智力教育与非智力教育

（一）音乐教育蕴含着智力教育因素

智力教育，又称“智育”，是提供文化科学知识、发展智力能力的教育。智力教育也是素质教育的基础。音乐教育在解决智力教育的挑战中起着非常重要的作用。一首歌曲，通过智育的形式可以让学生了解其内容和表达形式。智育是其他类型教育的基础，可以为其他类型的教育提供必要的条件。

音乐教育作为普通教育的重要组成部分，对智力的培养和创造性人才的培养具有重要的意义。音乐教育是培育和培养想象力的最佳方式之一。在音乐教育中，被教育者可以被带到一个想象的世界，在那里可以感受到和谐的声音和美妙的旋律，然后经过被教育者的大脑想象，重新组合形成新的“表象”，而这些“表象”实际上是不存在的，它是大脑想象出来的，这样做可以培养想象力。

（二）音乐教育蕴含着非智力教育的因素

音乐教育还包括与高水平非智力教育相关的内容。音乐教育可以塑造人的品格，增强人的意志，培养人的审美意识，注重提高人的精神文化水平，有其独特的功能。

音乐体现了人们的情感和精神世界，具有穿透心灵的能力，可以在人们心中激起汹涌的波浪，或者可以让人们心平气和，让人不由自主地感知作品的思想，沉淀听众的意图。贝多芬交响曲《田园》的第二乐章为《溪畔景色》，通常被称为“大自然的图画”。作品反映了人对自然界的感情：小提琴上的旋律，仿佛是贝多芬躺在小溪旁发自肺腑的歌唱。躺在小溪边的草地上，望着云朵，耳边响起了溪水的潺潺声，鸟儿们也在歌唱。全身沐浴在温柔大自然的怀抱中，被记忆所包围，这种强烈的感染只存在于音乐中。

一个人的情感不仅要培养、激发和丰富，还要平衡，使之可以控制，防止因长时间的兴奋、悲伤或过度的兴奋而引起身心世界的紊乱和失控。在这一系列情感变化中，音乐在其中可以发挥相当重要的调节作用。音乐是内外动作的表达,快与慢、强与弱、高与低、长与短、紧张与平静、喜悦与缓慢,情绪的表达与人的感受是同步的,这是因为音乐蕴含了欢乐、道德、活泼、温暖、美丽和健康,它调节着人们的精神,无论是文字还是理论都无法替代或比拟。情感调节实际上是对一个人的精神教育。道德高尚的人往往表现出优雅、和蔼可亲、高水平的文化教养和思想境界,音乐教育在精神方面培养了这样的人格。

三、提高学生的道德修养,陶冶学生的情操

音乐教育对人道德与精神方面的作用,自古以来就有认识,甚至一度还将其作为治国方略之一。由此可见,学校将音乐教育列为重要的组成部分有其合理性。音乐不同于其他教育手段,它的作用是不可见的,也不是直观的,它会在潜移默化中完善学生的品格,净化学生的精神世界,从而使学生养成一种积极向上的生活态度,为社会主义建设培养健康、向上的人才。

同时,音乐教育还是陶冶学生情操的重要手段,音乐中所蕴含的情感可以对学生产生强大的感召力,使学生感受人世间的美好情感,进而形成高尚的情操。音乐作品,特别是历史上著名的乐曲中,大多是对美好事物的歌颂与赞美,如美丽的自然风景、美好的人类爱情等。学生在欣赏这些作品的过程中,可以感受到其中的情感,从而受到情感教育,培养出高尚的情操。

四、有助于培养学生的审美能力

(一)培养学生具有正确的音乐审美观

音乐几乎是与人类同时诞生的,在历史的长河中逐渐生长成各种形态,如今世界文化多样,音乐新颖且兼容并包,可想而知音乐作品的数量有多么庞大。但数量的庞大并不意味着它们的价值是相等的,难免会存在良莠不齐的情况。音乐审美教育的任务就是要用高尚的音乐熏陶学生的思想,鼓舞他们积极向上,从而塑造美好的心灵,让他们拥

有正确的音乐审美观，懂得辨别音乐中的高雅和丑陋，增强自己的审美能力。

（二）培养学生对音乐美的感受能力

俗话说：“会听的听门道，不会听的听热闹。”音乐的审美主要是通过感官的感受得来的，但是会听和不会听，听懂和似懂非懂感受到的美是有很大差距的。因此，音乐审美教育还需要培养学生对音乐美的感受能力，要让学生会听，能听懂。

学生对于明显的美与丑可以直接感受到，并作出判断，但音乐是抽象的，不能仅凭先天的听觉感受就断定它是好还是坏，还需要后天专门的引导和培养。只有经过长期训练才能逐步生成认知，用已有的认知去体验和感受音乐才能真正发现其中的美。年龄越小听觉就越灵敏，音乐审美教育要利用好这一生理优势，让学生从聆听和辨别音乐的基本属性逐步发展到能准确地体验、认识完整的音乐作品，以奠定音乐审美的基础。

（三）培养学生对音乐美的鉴赏能力

鉴赏能力是感受能力的进一步发展，是评判音乐优劣的唯一途径。大部分人对音乐的审美只停留在表层感知阶段，仅凭耳朵和个人感受为音乐贴上好与不好的标签不能算作对音乐的鉴赏。一个完整的音乐是有理论体系作支撑的，如动机的构成和发展规律、音乐节奏的快慢、歌词的韵辙与含义、和弦的属性、整体的结构安排等都需要有理有据。音乐的鉴赏就是要将这些组成元素一一辨析，作为论证手段科学地得出审美结果。音乐审美教育的主要任务就是教会学生准确理解和掌握音乐要素，有意识地引导他们对作品进行赏析，从中获得美的感受。当然，审美鉴赏还会受到个人的经历、爱好等非智力因素的影响，但主要还是和后天的培养有关。

鉴赏元素的多样性和复杂性决定了鉴赏能力需要花费大量的时间进行培养，并且运用过程中十分考验心智。以声乐作品为例，既要鉴别歌词大意和旋律特点，也要体验出其中韵味、意境，还要作出正确的审美评价。因此培养学生音乐美的鉴赏能力是一项系统工程，要注意长时期全面增强学生音乐鉴赏的心智因素，以促进其水平不断提高。

（四）培养学生对音乐美的表现能力

人们对自己感兴趣的音乐总是不由自主地跟着哼唱，原因就在于音乐具有很强的调动性和参与性，能够轻易地唤起人们想要参与的意识，而且哼唱的过程也是对音乐美的感受和表达的过程。从这点来说，培养学生的表现能力也可以达到音乐审美的教育作用。

表现能力的培养需要对学生进行技术和理论的双重训练，如基础的乐理知识、五线谱和简谱的视唱练习、演奏技法的训练等。要注意训练的难度、时长安排和教材、曲目的选择。这些基础性的训练内容不具有美感，但却是感受美的必要手段。

（五）培养学生对音乐美的创造能力

创造能力是一种高层次的音乐审美能力，是经过自我审美体验后对音乐解构再重组的个性审美情感的表达。可以看出它是以音乐感受、鉴赏和表现能力为基础的。

音乐美的创造能力可以启发学生的联想、想象能力，发展发散性思维，而且还能形成学生的直觉创造力，使他们善于观察生活，准确地以音乐手段来反映生活和表现思想情感。所以应该培养学生对音乐创作的兴趣，鼓励他们积极主动地去探索、创造音乐美。

对音乐美的创造能力的培养主要通过创造性活动和创作教学来实现。创造性活动是指学生在演唱奏、音乐欣赏中加入自我感受和创造性的行为；创作教学指的是专业的作曲技术教授。无论是哪种培养方式都需要掌握音乐理论和技巧两方面的知识与技能。

第二节　小学音乐教学的基本特征、原则与基本理念

一、小学音乐教学的基本特征

（一）以情感体验和形象思维作为审美的主要途径

一般而言，情感指的是一个人对客观事物态度的体验，是一个人的需要是否被满足的直接反映。人的需要是不同的，根据需要的来源，我们一般将其分为生理需要和社会需要；根据需要的对象，可将其分为物质需要和精神需要。一般来说，被满足的需要会使人产生激昂的、兴奋的、积极的情绪；不被满足的需要则相反，会引起负面的情绪。可以说，在日常生活和工作中，情感的体验总体上与个人的兴趣是密切相关的，具有直接的功利性。但是，在音乐的美育哲学理念中，大多数情况下，情感的体验与个人的兴趣并没有直接的关系。

例如，当我们欣赏《江河水》这首音乐时，曲调有时是凄凉的，有时是悲伤和愤怒的，让我们从内心深处感受到一种痛苦的情绪。此时，我们的心情沉重，甚至会流下悲伤的泪水。显然，在欣赏作品的时候，我们并没有遇到剧中主角所遭遇的不幸，但为什么我们会有和主角相似的情感体验呢？这是因为人对音乐的欣赏通过一种特定的无形的物质，使声音作用于人的听觉神经，从而引发出感觉、联想、想象等一系列心理活动。这时，情感的体验是由审美来决定的，是由（人类）主体的美学观、价值观、道德观和世界观决定的。因此，如果从这个角度来看，音乐教育中的情感体验是超功利的，而音乐教育中培养的情感是一种高贵的情感，能使人的思想达到最高境界。在音乐美育中，除了情感体验，还会有形象思维，两者是密切相关的。当我们体验到作品的某种情绪时，就会在我们的脑海中产生某种“形象”——一些特定的场景或人物。当然，我们有时也可以先形象地思考，再进行情感体验，但这不是我们现在要讨论的问题。我们要讨论的问题是，这个“形象”并不是指绘画、摄影、

雕塑、舞蹈、戏剧等视觉意义上的形象，而是听觉上的形象。视觉上的形象具有客观性和普遍性，即每个人看到的都是同一幅画或同一件艺术品，而听觉上的形象存在于每个人的脑海中，具有很大的主观性。听觉上的审美个性，可以是某事物的典型形象，可以是特定形象的再现，也可以是不同形象的组合。总之，它是由审美主体(人)的生活经历、文化水平和艺术成就所决定的。不得不说，音乐美学中的情感体验和形象思维是主观的、抽象的、创造性的。可见，在音乐美育中，情感体验和形象思维是理解音乐、感受音乐、判断音乐的主要方式。没有它们，音乐的美学就不可能实现。同时，我们需要明白，这种形象中的情感体验和思维具有一定的抽象性、可塑性和审美主体之间的差异性。

(二)以技能技巧的传授作为审美的工具

在音乐教育中，不仅要培养学生感受音乐、鉴赏音乐的能力，而且还要培养学生表现音乐、创造音乐的能力，因此，光有理论知识的传授是不够的，还必须传授一定的技能技巧。例如，唱歌时的演唱姿势，发声方法，咬字、吐字的处理；器乐的演奏姿势、方法，弓法、指法及常用技巧的掌握，识谱能力的训练；等等。这些技能技巧的传授，是进行审美教育必备的，也是艺术教育学科不同于其他教育学科的个性特征之一。技能技巧的传授必须在大量的实践中才能进行。

音乐教师要有意识、有目的地让学生多参与音乐实践活动，把音乐理论知识的讲解与技能技巧的培养结合起来，不断提高学生的音乐表现能力和创造能力。值得注意的是，音乐技能技巧的传授是为音乐审美教育服务的。这句话有两层含义：第一，进行音乐审美教育需要一定的技能技巧，但技能技巧的传授必须与美感经验、美感表现相结合，坚决反对枯燥乏味的纯技术训练；第二，音乐审美教育是目的，技能技巧传授是实现目的的工具，两者是主次关系。有些音乐教师在这个问题上没有认识清楚，他们把技能技巧的传授作为衡量音乐教育质量的标准，其中最突出的现象就是把识谱教学当成音乐教育的主要内容，把音乐课变成了背概念、记口诀的公式化教学课，这就完全失去了音乐教育的意义。

（三）使人在愉悦和游戏之中接受教育

音乐给人的愉悦感实际上是通过听觉产生的一种“审美趣味评断”（康德语）。它是审美经验积淀、综合的心理反应，是一种美感享受。音乐的愉悦性本身就是一种美的体现。当它以特有的艺术魅力给人们带来愉悦的时候，也在滋润着人们的心灵，使人们在不知不觉中受到陶冶和教育，真可谓“润物细无声”。这种“寓教于乐”的教学形式使音乐教育具有强大的生命力。小学生大都具有好动好玩的特点，特别是低年级的学生在这方面表现得更为突出。因此，小学音乐教学应该把学生从座位上解放出来，让他们在游戏之中，在轻松愉快的气氛之中，自觉地、积极主动地学习音乐。要做到这一点，教师不仅要有意识地把知识、思想融入游戏教学和愉悦性之中，而且要认识到愉悦是有层次的。比方说，有听觉感官的愉悦，有情感体验的愉悦，也有理性分析的愉悦。不同层次的愉悦给人带来的结果是有区别的。对于小学生来说，能激发他们学习兴趣的是听觉感官的愉悦。但是，我们的音乐教学不能只停留在这个层次上。教师要善于引导学生学会体验作品的情感，同时，培养他们对音乐的乐句、乐段及各音乐要素作出正确的反应，逐步提高他们的音乐素养。

二、小学音乐教学的原则

音乐教学的基本原则是长期音乐教学实践经验的集中体现，是人们对音乐教学这一客观事物的主观反映。小学音乐教学原则应以教育学所提出的有关理论为依据，结合小学音乐教学的审美性和艺术规律，以及小学生的生理、心理特点而制定。

（一）科学性

在教学过程中，教师要时刻注意运用科学的教学方法向学生传授科学正确的知识，在艺术领域也不例外。例如，教师在进行声乐教学的过程中，对概念的表述应该要科学准确，技法的运用方法要合理，引用作品例证要恰当，对歌曲伴奏的要求等必须合乎客观实际。

（二）实践性

音乐教学是集教学与实践于一体的综合性学科，纸上得来终觉浅，绝知此事要躬行，学生学到的理论知识需要经过实践锻炼和运用才能判断自己是否弄懂、是否掌握。而且，音乐具有一定的表演性质，这就要求表演者除了具有技术性、创新性外，还要有强大的心理素质，保证上台表演时不紧张，不慌忙，所以，这就需要教师给学生提供大量的实践机会去锻炼。通过艺术实践，学生将在音乐教学课中学到的知识技巧训练到运用起来得心应手的水平。

教师有责任安排、督促和检查学生每学期参加音乐实践的完成情况。例如，学生以独唱、齐唱、小组唱的形式参加演唱会，不仅能给演唱会添加活泼多样的新形式，还有益于提高学生的演唱兴趣，增强学生的集体荣誉感，更为那些嗓音条件较差的学生提供锻炼机会，在一定程度上有助于提高他们的舞台实践能力。

（三）教师为主导，学生为主体

老师是音乐知识的传授方，要起到引导学生学习思考的积极主导作用；学生是音乐知识的接收方，要有主动学习实践的积极性，培养自己主动探索与独立思考的能力。总之，在音乐教学过程中要始终保持将老师作为主导，将学生作为主体的原则，并把提高学生音乐表演能力作为学生和老师的共同目标。

（四）集体练习与个别辅导相结合

集体练习便于学生之间互相观察、互相模仿、互相启发、互相帮助。程度差的学生在集体练习中情绪较为放松，效果明显。程度好的学生在帮助其他同学的过程中也能得到锻炼。个别辅导便于学生通过倾听他人表演和教师讲评，加深理解。

（五）教师指导与学生互教相结合

教师有责任帮助学生掌握音乐教学的基本方法，增强学生发现问题、分析问题、解决问题的能力，更有责任在学生中树立比、学、赶、帮、超的学习风气，培养他们的合作精神，调动他们的学习积极性和互教积极性，形成一种以学生为主体，教师为主导，师生共同进行“创作”的新型声乐教学关系。

三、小学音乐教学的基本理念

（一）坚持以美育人

以习近平新时代中国特色社会主义思想为指导，以落实核心素养为主线，引导学生积极参与各类艺术活动，感受美、欣赏美、表现美、创造美，丰富审美体验，学习和领会中华民族艺术精髓，增强中华民族自信心与自豪感，了解世界文化的多样性，开阔艺术视野，充分发挥艺术课程在培育学生审美和人文素养中的重要作用。

《艺术课程标准（2022 年版）》将“坚持以美育人的理念”作为课程的第一条基本理念，突出体现了艺术课程作为美育的重要内容，在人的全面发展中的重要作用，是艺术课程落实“立德树人”这一根本任务的具体表现。同时，以美育人的理念也与我国传统“以美养善”“美善合一”“尽善尽美”等美育思想与音乐教育观念相一致。同样，以美育人的理念在近二十年的课程改革中也得到了广大教师的广泛认同与实践，在促进学生全面发展中发挥着重要的作用。

（二）重视艺术体验

重视学生在学习过程中的艺术感知及情感体验，激发学生参与艺术活动的兴趣和热情，使学生在欣赏、表现、创造、联系、融合的过程中，形成丰富、健康的审美情趣；强调艺术课程的实践导向，使学生在以艺术体验为核心的多样化实践中，提高艺术素养和创造能力。

在以实践为导向的艺术课程教学中，体验成为最为重要的教学理念，理应贯穿音乐教学的始终。学生的音乐学习应该从体验音乐开始，通过各种音乐经验和活动去增进对音乐的理解，这样才是全面和有意义的音乐教育。音乐教育的中心任务是让所有表现形式的音乐体验尽可能广泛地达到所有的人，并且让每一个人都尽可能丰富地培养这种体验。

(三)突出课程综合

以各艺术学科为主体，加强与其他艺术的融合；重视艺术与其他学科的联系，充分发挥协同育人功能；注重艺术与自然、生活、社会、科技的关联，汲取丰富的审美教育元素，传递人与自然和谐共生理念，促进学生身心健康全面发展。

音乐课程的综合包括：音乐教学不同领域之间的综合；音乐与舞蹈、戏剧、影视、美术等姊妹艺术的综合；音乐与艺术之外的其他学科的综合；音乐与社会生活的联系与综合。《艺术课程标准(2022年版)》在学习任务的设计中就高度体现了综合的课程设计理念，如1~2年级的"趣味唱游""情境表演""发现身边的音乐"，3~9年级的"小型歌舞剧表演""探索生活中的音乐"都具有综合性的特点。

在实施中，课程综合应以音乐为教学主线，通过具体的音乐材料构建与其他艺术门类及其他学科的联系，在综合过程中对不同艺术门类表现形式和内容进行比较，拓宽学生艺术视野，深化学生对音乐艺术的理解。

第三节　小学音乐教学设计的方式与方法

一、基于小学生心理层面的音乐教学设计研究

(一)小学生心理特点与音乐学习心理特点

进入小学阶段，就意味着步入了童年期，正式开始接受系统、规律、有目的和计划的教育，故又称"学龄初期"。

1. 小学生心理特点

小学生的大脑正处于开发中，生理发育突出，视觉、听觉、触觉等感官迅速发展，神经系统也在逐步完善。心理上，这一时期的儿童有着强烈的求知欲，总喜欢带着好奇问东问西，这正是他们主动获取知识的表现；仍以无意记忆和具象思维为主，随着年龄的增长逐渐向有意注意和抽象思维过渡，想象力也日益丰富；道德观与世界观在慢慢形成，开始有责任感、荣誉感、集体主义情感、羞耻感等情感体验；情绪具有外显性，会直接地表露出来，但也会伴随成长逐渐转向内隐。

2. 小学生学习音乐的心理特点

在我国，儿童从6周岁开始就进入小学了，在为期六年的学习中，儿童的心智成长十分快速。根据其变化程度和特征显现程度，我们将小学整体划分为三个阶段进行研究和阐述。

（1）小学低年级（6～8岁）

一二年级是儿童从学前到小学的过渡时期，他们的认知发展处于具体运算阶段，因此对音乐的审美是没有太多概念的，一般与幼儿保持同样的态度，就是以像或不像的刻板标准来评判音乐的好坏，这就是“写实阶段”独有的表现形式。如先后播放几段关于火车、汽车、自行车、飞机等音响，让学生一一对应，他们一定会选择最像该交通工具特色的音响作为首选，汽车的喇叭声、火车的鸣笛声等，这些就是他们判断和审美的依据。

除此之外，这一阶段的儿童还有鉴赏协和音与不协和音的能力；在歌唱及演奏乐器时，节奏感也比幼儿时期要好；通常在听到音乐旋律或节奏时会下意识扭动身体作出反应，所以他们获得歌唱技能的主要方式是游戏，用音乐配合身体动作逐渐得以发展。

（2）小学中年级（8～10岁）

进入小学中年级，儿童个性得到发展，开始对音乐作品表现出真正的审美态度，可以说这一阶段是音乐的审美态度正式形成与发展的时期；在节奏和旋律的记忆方面有所提升，虽然记忆是机械性的，但也能掌握一定数量的音乐作品；对音乐的感知逐渐从单线条的旋律向二声部过渡，并且有一定的韵律感；协调性和理解力都得到了发展，有助于团队音乐合作活动的开展和乐理知识的理解；另外，小学中年级的儿童身心迅速发展，尤其是运动觉、听觉显著增强，因此在节奏与旋律的表现上更加多样化，是发展音乐感知能力的最佳时期。

（3）小学高年级（10 ~ 12岁）

到小学高年级时，儿童的音乐审美能力、音乐情感又得到进一步陶冶和发展，对音乐的优美特征也有了一定程度的感知和判断能力，在音乐审美感知上更加敏感；他们建立了和声概念，对和声开始表现出与成年人相同的好恶。

综上所述我们可以看出，小学生从低年级至高年级，音乐的审美能力、学习能力和实践能力每年都在惊人的发展变化之中，主要表现在对节奏的把握、音高辨别能力、歌唱能力、歌唱音域、旋律能力、器乐演奏能力、身体协调能力、记忆力、语言能力等各方面的共同发展。尤其是歌唱音域方面，至小学高年级时已能从小字一组的D唱至小字二组的E。

大量科学研究表明，在早期音乐教育中培养的音乐技能在某种程度上来讲是中后期教育所无法超越的，所以小学时期的音乐才能培养尤为重要，而且根据该年龄段儿童的心理特点进行音乐教育活动，有利于儿童理解和技能提升。

（二）小学阶段音乐课程设置

小学阶段的音乐教学课程设置要注意以下几点：要以审美和德育为核心，使受教育者从小感受到音乐教育给他们带来的丰富的人生哲理和审美价值取向；“兴趣是最好的老师”，用兴趣爱好激发学生的学习动力；谋求全体学生的全面发展和个性发展；突出实践，注重创新；加强音乐与其他学科的黏性，在课程中尽量渗透与结合姊妹艺术；让学生了解世界多元音乐文化的同时也要热爱和弘扬本民族音乐。

1. 唱歌教学

唱歌是小学音乐教学中最常见也是最容易被接受的音乐形式。唱歌教学一方面可以提升学生的语言功能，激发他们的想象力，另一方面还可以培养学生的乐感，让学生受到艺术的教育与熏陶。

2. 唱游教学

唱游教学就是将唱歌与游戏相结合的一种教学方式，主要针对低年级学生。唱游教学的目的既是为幼小过渡做缓冲，也是为今后向中、高年级发展作好衔接准备。学生通过游戏获得学习音乐的乐趣，在唱跳、玩乐过程中感受音乐、了解音乐，把音乐变成体态律动，在不自觉中掌握了节奏和旋律，是一种十分有趣、轻松的教学方式。

3. 器乐教学

器乐教学也是一项重要的实践活动。学生不仅能在观察、触摸间慢慢学会各种演奏技巧，还能在器乐演奏过程中学会识谱，而且器乐还能带来不同于唱歌教学的音响效果和审美感受，从而培养学生另一种审美能力，丰富学生对音乐概念的理解。

4. 音乐欣赏教学

音乐欣赏课程从学前教育开始就有设立，一直到高等教育都还有它的身影，足以见其在音乐教育当中的重要性。它是培养学生审美能力的重要途径。

音乐欣赏首先要倾听，“听”可以刺激学生的听觉感官。听的种类多了可以拓宽学生的音乐视野；听的频率多了能培养学生的审美感受，发展他们的音乐思维。欣赏能教会学生辨析音乐的好坏、掌握一定的音乐理论知识，启迪他们的智慧，最终达到陶冶情操、培养审美情趣的目的。

5. 视唱、听音教学

在小学阶段，视唱和听音教学涉及较浅，只要求学生能简单掌握模唱、听辨、视唱、节奏等练习即可。该教学能帮助学生更好地理解音乐、感受音乐，所以要在小学整个阶段的音乐教学中都有所体现，这也有利于学生知识的累积，并逐渐形成肌肉记忆。

尽管小学生的身体正在快速成长，语言能力也较发达，但心智尚未完全发育，会或多或少地有这样或那样的教学问题，如注意力不集中、过于活跃、依赖性较强、无法理解成人的表述或想法、各种观念还处于塑造期、判断和记忆也有所欠缺等。所以，教育形式要符合小学生的心理表现，尽量地活泼、有趣、积极，鼓励学生积极、尽情地抒发自己在音乐中获得的感受。

音乐本身是轻松愉悦的，不能像思想教育那样严肃，寓教于乐才是最好的教学方法。

（三）小学常用的音乐教学法

1. 口述教学法

课堂教学中最常用到且占时比例最大的就是口述教学，口头语言教授的方式能够将音乐知识在短时间内集中性地传输给学生，最大化地发挥了教师的主动性，便于控制和管理课堂教学进度和效果。事物都有其两面性，口述法也不可避免地存在缺点，教师以灌输知识为基本要务，导致学生的能动性不足，不利于其个性的培养，教学成为枯燥乏味的"独角戏"，因此要注意防止一讲到底"满堂灌"的倾向。

2. 演示教学法

演示教学法是指教师用图片、视频进行展示或亲身示范。该方法最为直观，适用于小学生的各个阶段，能帮助他们尽快地集中注意力，培养他们的观察力和想象力，提高学生的学习兴趣。演示教学法既符合他们稚嫩的心理特点，也更容易让他们辨识和理解。

演示法的基本要求如下：

（1）演示前的准备工作。结合教材和教学需要，提前准备好合适的乐器、播放器、音乐作品、图片、教学工具等，同时还要考虑学生与教学过程的衔接、具体的演示方法和时长等，预想可能会发生的不良状况。教师最好能先试做一遍，检查效果。

（2）演示要直观、明了，要让学生知道他们在看什么，明确演示要求，吸引学生的注意力，积极主动地思考。

（3）演示过程要紧密结合教学内容，适时地安排演唱或演奏演示，并且在展示过程中和学生进行互动，适当提问，让学生进行思考并作出回答。同时教师还要把控好教学氛围，以防学生注意力跑偏，及时引导学生作出反应，以获得最佳效果。

3. 情境教学法

情境教学法是指在音乐教学中创设具体生动的情境，让学生置身其中，体会和感受音乐。如播放一段音乐，老师与同学进行一段即兴表演，让学生在表演中捕捉音乐特点，既能激起学生的学习热情，还能让学生通过情景感受音乐，抒发他们的想象。这种教学法融情、言、行为一体，借助情境和具体生动的形象，引起学生的内心共鸣，使学生对音乐有更深切的感受。

4. 练习教学法

练习可以是课堂练习，也可以是课后练习。练习教学法是一个要求频次的教学方法。俗话说"熟能生巧"。正确、多次的练习是学生掌握演唱演奏技法以及乐理知识的必要途径。学生在教师的指导下反复练习，有利于记忆和音乐才能的提高。

练习法多种多样，既可以独立练习，还可以群体练习；既可以模仿练习，也可以创造性练习。练习方法的选择要根据具体的音乐教学进度、学生情况、音乐类型等进行选择。

5. 提问教学法

提问是课堂教学过程中必不可少的一个环节，通过提问可以实时地掌握学生的学习动态，促进新旧音乐知识相互关联，启发学生乐理和审美思维，激发学生的学习动机，同时，实现了师生的良好互动。提问教学要遵循这几方面原则，即合理性、明确性、针对性、量力性和启发性。

6. 讨论教学法

讨论教学法是教师指导学生围绕教学中的某一问题展开讨论的方法。该方法让学生获得了主动权，能在讨论中充分发表自己对音乐的见解，培养学生的独立思考能力和表述能力。

讨论法可以灵活多变地应用在音乐教学当中，如可以分组讨论或同桌讨论，也可以全班讨论。讨论内容和时长的把控看具体教学情况。一般在对歌曲与乐曲的处理、音乐作品的理解、音乐知识的正误等方面采用这种方法。

在实施讨论法时要注意以下几个问题：

（1）抛出的问题要有意义，能展开，有足够的吸引力。这样学生讨论起来的难度相对较小，便于把控，还能激发他们的兴趣，使他们积极地参与到讨论当中，发挥讨论的价值。

（2）讨论中也会产生各种问题，教师要做的就是引导学生，给予他们一定的启发，鼓励他们思考和探索解决问题的办法。

（3）最后，教师要帮助学生梳理讨论情况和得出的观点，对讨论结果做好总结、概括。

心理学的研究表明，小学阶段的儿童思维还停留在具象阶段，也就说要依靠具体的事物、形象去感知，一旦离开了具象事物思维就会停止或转移，而且，年龄越小的儿童对注意力的管控也越弱。所以，音乐教学的手段要时常变化、交叉地使用，这样可以有效提升儿童的注意力和学习兴趣，更大程度地发挥他们在音乐教学中的主动性和能动性。

二、著名音乐教育体系在音乐教学中的运用

音乐教育在漫长的历史发展过程中，结合各国的具体国情形成了各种音乐教育体系。它们对于我国音乐教育的发展具有重要的借鉴作用。为了更好地借鉴和参考国外音乐教育体系，将其与我国具体国情结合起来，组成中国音乐教育体系，我们有必要对各种音乐教育体系进行深入的分析。

（一）达尔克罗兹音乐教育体系

1. 音乐与身体的关系

达尔克罗兹将音乐与身体的关系联系起来，从不同的自然现象和身体对音乐的反应出发，他的思想并不局限于音乐的教与学。他提出了许多问题，如音乐的起源是什么？人体如何表达内心世界的感受？人们用什么工具把内心的感受变成音乐等问题。

随着问题的发现和对问题的深入思考，达尔克罗兹逐渐确立了音乐表演中人类情感的概念，这是音乐的起源。人们可以从身体的不同部位感受情感，其中一些是无意识和自发的，而人们也可以通过身体动作将内心情感转化为音乐。只要我们仔细地将音乐与身体的反应结合起来，我们就能产生强大的理解力和表达力。

2. 通过节奏运动使身心和谐发展

通过深入实验研究，达尔克罗兹发现，音乐与身体相结合的节奏不

仅属于音乐学习的范畴,而且音乐还具有“人性化”的力量,这是促进音乐发展的途径。这种节奏必须是生理节奏和心理节奏的统一,即潜意识、直觉和意识交替均匀地受到控制。在一个合理的平衡系统中,平衡是身体通过训练获得的基本能力,也是一种自由交流的方式。它可以形成视觉,使生理器官与思维紧密相连,使神经系统和谐,控制生活的直觉行为,实现身心运动。

3. 通过节奏运动唤醒儿童的音乐本能

达尔克罗兹认为,身体运动可以唤醒儿童天生的音乐本能。教孩子们用手弹奏乐器是不够的,还必须激发儿童创作音乐的热情,并将音乐情感转化为具体行动。换句话说,在孩子们的练习过程中,将声音强度、速度、声音对比度和音乐表现的变化与能量、空间和时间等因素结合起来,让孩子们能够学会。音乐情感整个方法基于实践先于理论的原则,即教孩子在经历了他们想学的东西后遵循他们想学习的规则。第一个是教孩子使用所有感官,第二个是培养思考的能力。

（二）柯达伊音乐教育体系

1. 柯达伊音乐教育体系的建立

柯达伊是匈牙利著名的作曲家和音乐教育家。当时,匈牙利全国人民的音乐知识水平都十分低下,全民的音乐素质都很差。柯达伊认为民间的音乐代表着活的艺术,对于全面提高全民音乐素质,增长全民音乐知识具有重要作用。于是他与巴托克一起整理全国范围内的民歌,编写音乐教材,并于1923年后开始从事本国音乐教育的研究。

柯达伊对音乐教育的研究建立在本国民族音乐的基础上。他认为本民族的音乐是最适合当作儿童音乐教育的教材的。他的《读谱及符号标志教学法》是在深入分析了本民族音乐的基础上编写而成的,运用了本民族的调式以及五声音阶,汇聚了柯达伊教学法的全部精华。

1940年到1950年的十年间,柯达伊同他的朋友进一步探索他开创的教学法,获得了更大的成功。由此不但改善了匈牙利音乐教育不足的现状,还影响到了其他国家。

2. 柯达伊音乐教育体系的基本观点

（1）重视民族音乐教育，进行爱国主义教育

柯达伊对民族音乐教育的重视主要是从国家和民族的长远利益出发，他认为音乐属于每一个人，应该建立一种体系，通过这种体系培养出来的每个人都把音乐作为生活中的一个部分，而不是一种谋生手段。这种音乐体系应该以本民族的音乐为重要手段，通过实行教育，把民族音乐一代代地传承下去。孩子们从小熟知和热爱本民族的音乐，可以更好地培养其民族自尊心与自信心，并将其上升为对祖国的热爱之情。

（2）以唱歌为基础，推崇合唱教学

柯达伊认为，在音乐教育中，歌唱是最简单、最好用的方式。而在声乐教育中，他又尤其推崇合唱教学。他提出，合唱教学不仅可以使学生体验到丰富的和声色彩以及平衡的声部配合，还可以锻炼学生的集体协作精神，进而培养他们的集体主义荣誉感。因此，在匈牙利的音乐教育中，对于合唱教学的提倡与普及是比较常见的。

（3）提倡儿童自然发展，重视早期教育

柯达伊主张，儿童的音乐教育最好从幼儿甚至是胎儿时期就开始，他提出胎教对孩子的成长有着极为重要的影响。除此之外，他还提出了儿童自然发展法，他认为儿童音乐教学的教材与学习顺序要根据儿童在各个年龄阶段的能力来安排。

就节奏来说，儿童音乐教学宜选用四分节奏与八分节奏。儿童爱跑爱跳的个性与四分节奏和八分节奏的感觉更像，因此他们也更为容易接受。

而从旋律上看，幼儿最早接触的应为小三度，这种旋律的感觉跟妈妈叫孩子回家吃饭和孩子自己唱歌时的音调很像。

（4）严格选择教材，重视教师的选择

柯达伊坚持幼儿所选用的教材应该用来自民间的、带有民间特色的音乐。同时，他还十分重视音乐教师的选择。他认为一个优秀的教师甚至可以影响学习者未来三十年的音乐爱好，一个普通的音乐教师甚至比歌剧院的音乐指挥还要重要得多。

（三）奥尔夫音乐教育体系

1. 奥尔夫音乐教学的指向——情感体验

在奥尔夫音乐教学中，注重儿童内心世界的发展是很重要的。在教学方法上，奥尔夫系统强调儿童主动学习音乐，培养学生基础的创造力。孩子们可以自由地使用自己的身体、语言和乐器，以独特的方式展示自己的内心世界。当音乐成为孩子们的需要时，孩子们自然可以轻松、快速地理解音乐的理论。音乐、表演、语言、文化等常会运用各种模仿，如鸟叫的啁啾声、秋夜的哇鸣声等，用手腕的铃铛来描绘春雨的河流，用声音和身体的节奏来诠释节奏。在认知、反应能力、理解力、身体各部位协调能力、记忆力、创造力、沟通能力等方面，可以培养儿童的艺术技能，培养儿童情感体验表现和创造能力，探索、发现、表达和创造艺术。

2. 奥尔夫音乐教育体系的基本原则

（1）人本性的音乐价值观

人的本性不同于动物。除动物外，人类还有其他基本需求，包括物质需求、安全需求、尊重需求、归属需求和自我实现需求。教师的任务不仅仅是教学生如何学习知识，也不仅仅是教他们如何行为。奥尔夫的音乐教育学认为，音乐教育学必须深化儿童的世界观，提高学生的自主学习能力。奥尔夫指出，在音乐教育中不仅要培养儿童的基本音乐技能，还要培养儿童欣赏音乐的能力，通过音乐教育实现高质量的教育和全面的个人提升。

（2）原本性的音乐教育观念

奥尔夫的音乐理念是奥尔夫音乐教育的出发点。1963 年，在音乐学院的开幕式上，奥尔夫总结了自己的音乐教育思想，认为思想情感的表达是人的本能，是人的内在要求。奥尔夫强调，音乐教育要从最基本的音乐概念入手，运用最基本、最原始的节奏和身体的声音元素，通过简单的节拍、节奏感、速度感等音乐元素，唤醒人的音乐本质，音乐教育的原始概念包括原创音乐、乐器、造型、动作等。这种自然形式也有助于学生即兴创作的发展。

在原本性音乐中，音乐、舞蹈、动作和语言紧密相连，是学习者、听众的结合表演。奥尔夫认为，音乐教育起源于具有新生命的古老音乐传统。在当前形势下，我们必须紧跟时代发展，建立新的教育模式，继承音乐文化教育的精髓。

（3）民族性的音乐教育特征

奥尔夫通过将语言的速度、语调和语义与音乐、音量和音色的有机结合，将语言与动作、舞蹈和音乐有机结合。用语言学习音乐，与熟悉环境和事物的人交流，可以减少学生的情绪和心理困难，提高他们对音乐的兴趣。然后扩展到使用节奏练习，将音乐分为小节奏和即兴创作，用童谣练习节奏并教授学生语言。

奥尔夫的音乐教育体系是开放的，为民族文化的发展和对多元文化主义的理解提供了突破性的概念框架。

3. 奥尔夫音乐教育体系的基本特质

（1）奥尔夫音乐教学的重心——节奏教学

原本性教学是音乐、语言和动作的有机结合。节奏是自然、社会和人类活动中的一种系统性变化，是音乐教学的组织结构，是听觉运动的外在形式，是对人体节奏的准确理解，是捕捉、感受和表达节奏美的直觉。音乐具有律动、魅力、趣味性等特征。音乐节奏是一项基本的音乐技能，它不仅有生理基础，还有情感和心理功能。

奥尔夫认为，音乐教学的重点内容是节奏教学，即开发儿童音乐节奏的潜力，并将其转化为积极和创造性的音乐感知技能。节奏课可以促进儿童的均衡发展。儿童的身心与其身体器官形成节奏，从而使呼吸系统、内分泌系统和人体循环系统作出反应，可以训练儿童的反应能力。通过反复的音乐和声音训练，儿童可以提高他们的音乐记忆，识别和阅读音乐，提高他们感受和表达音乐的能力。

奥尔夫创造性地吸收了达尔克罗兹的身体节奏教学法，将身体动作与音乐课相结合，研究了动作课情感与理性相结合的教学方法，并在课堂上运用了情感与理性结合的教学法。协调互补，平衡身心，提高儿童对节奏和音乐感知的理解。

（2）奥尔夫音乐教学的特色——身体乐器

奥尔夫主张将身体作为一种工具，通过身体的声音来表达和交换音乐情感。这种训练不需要任何其他学习工具或特殊地点和环境要求。奥尔夫的身体乐器教学方法通过身体运动训练学生的音乐节奏。

奥尔夫从世界各地的民间舞蹈中提取了四种基本形式，与传统和声的四个部分相对应：跺脚代表男低音，拍腿代表男高音，拍手代表女低音，动手代表女高音。跺脚可以分为站立和坐姿，脚底在地上，最好左右脚轮流使用。跺脚可以显示音调和音色的大小变化，跺脚产生的声音比较低，适合低音演奏。拍腿的声音很强，适合男高音歌唱的声部。拍腿用双手或一只手拍可以发展成丰富的节奏变化。这是学习打击乐器的最佳方式。可以用手掌根部或手指来体验声音的变化。

拍手发出的声音非常地清晰明亮，适合表达女低音。手指旋转是指用同一只手的拇指和中指触摸，然后用手指弹奏音调。手指旋转的声音高、尖、亮，适合演奏女高音。

奥尔夫教学法基于对儿童身心发展特点的充分尊重，在课堂上使用大量基本身体动作，包括节奏训练、反应训练、动作训练和即兴表演等。

4. 奥尔夫器乐训练

20 世纪初，奥尔夫通过对学校音乐教育的研究发现，学校音乐课中使用的乐器很少。他开始通过改革音乐教育来解决这个问题。在音乐方面，他阐述了自己的创作理念。

（1）伴奏乐器的教学

奥尔夫音乐训练是指在奥尔夫音乐课程体系中运用乐器，使学生参与音乐体验、音响效果和美感的训练。在音乐课中，乐器课是一个非常重要的课，打击乐器是儿童节奏训练的重点，大多数用于打击乐器训练的乐器不需要技术准备。奥尔夫利用乐器进行教学在实践中得到了尝试和检验，并得到了世界各国的认可和推广。

（2）乐器教学的目的

奥尔夫在教学中使用乐器，既不以乐器代替歌唱课，也不以乐器为教学目的，而是通过演奏各种乐器，让学生通过听来感受音乐的美。

在音乐教育中使用乐器的目的有以下几个：

①加强歌唱表演，提高学生对音乐的参与度。训练工具可用于提高歌唱成绩，在音乐课上歌唱始终居于重要地位，其目的是减少重复歌唱造成的疲劳，保持儿童对音乐的兴趣。

②提高儿童对乐器的兴趣，鼓励他们掌握表演技能。奥尔夫器乐训练中所使用的都是简单易上手，人人都能很快学会，没有过高的技能技巧要求的乐器。提倡让幼儿在教师精心设计的教学活动或游戏中对乐

器进行探索和发现，从而充满兴趣地演奏。

③促进儿童的教育及其良好人格的培养。奥尔夫认为音乐教育应该以人为本，乐器训练在培养和发展幼儿的音乐能力方面起着重要的作用，包括自我表达的能力、合作的能力、人际关系的能力等。

（3）器乐训练的教学内容

奥尔夫的器乐训练，包括伴奏练习和乐器练习。伴奏练习是指为提高演奏水平、营造气氛而进行的有利于伴奏歌舞的练习。乐器练习是一种以即兴演奏为核心，以曲式结构为骨架，以探索不同的音响为目的而进行的器乐练习。

（4）器乐训练的常用乐器

奥尔夫的乐器教育主要使用易于使用、易于掌握的打击乐器。这些打击乐器分为以下几类。

①无音高打击乐器

无音高打击乐器只需配合小肌肉按照一定节奏的运动，就可以帮助孩子掌握节奏等音乐的理论知识，培养孩子对打击乐器的兴趣。其他打击乐器根据音质可分为四类。

a. 皮革类打击乐器

皮革乐器，又称“鼓乐器”，如非洲鼓、班戈鼓等。它由鼓或手拍组成，声音小，持续时间长，力量大。它适用于演奏低音和强拍，并且具有稳定性。

b. 木质类打击乐器

木质类打击乐器又称“木竹类打击乐器”。奥尔夫器乐训练中常用的木质类打击乐器有双响筒、打棒蛙鸣筒、木鱼、圆弧响板等。

木质类打击乐器的特点是：一般是用木头或竹子制成一定的共鸣腔或块，多靠敲击发声。也有刮奏型，如蛙鸣；撞击型，如响板，声音清晰、短小、细腻，几乎没有连续的声音。还有节奏复杂、速度快的乐器，常用于旋律部分，节奏清晰。

c. 金属类打击乐器

用于奥尔夫训练的金属打击乐器包括锣、钹、铁三重奏、铃铛等。

金属打击乐器的特点是由铜、铁、铝等金属材料制成，通常是由声音引起的振动制成，声音清晰明亮，穿透力强，有共鸣，其中锣、钹等合奏中的高声乐器必须小心控制。在教室里，三角铁是最常见的乐器，体积较小,因此不应在强拍上使用,也不应在快节奏的音乐中使用,以免混音。

②有音高音条乐器

奥尔夫对乐器的创作作出了杰出的贡献。这些乐器具有独特的音色、丰富的个性和精确的指法,易于儿童掌握。孩子们可以通过想象力、创造力和即兴创作。

a. 钟琴

钟琴由 13 块中高音的板(通常是镀镍金属板)组成。音分中、高两种,通常由演奏者用一对木质琴槌敲击发声。

钟琴的特点是清晰明亮、富有诗意,很少单独使用。它通常用于乐队中较高的声音和连续的声音长度,因此不应用于快速演奏。

b. 木琴

木琴来源于非洲,由 13 个长短不一的长方形音条和共鸣箱组成。木琴通常由红木或紫檀木制成。现在还有其他的替代品,音质更好。

木琴通常用两个锤子敲击木块发出声音。声音柔和,回声强烈,具有不同寻常的穿透力。活泼的音乐营造出欢快的气氛,可以用来演奏一种强烈、有力的曲调,也可以演奏柔和、甜美的音调。它经常用于旋律部分,这也是整个乐队的核心。

c. 金属琴

金属琴根据材质不同有钢片琴、铝片琴、铁琴等,由 13 块不同长度的金属制成,连接在梯形共鸣器上,每个刻度都刻有音调或按钮,按基本音阶比例排列。

③其他乐器

除了上面提到的常用乐器外,奥尔夫的音乐教学乐器还有一些技巧乐器,尤其是弦乐、簧管乐器和键盘乐器。

a. 弦乐器

弦乐器包括拨弦乐器和拉弦乐器,常见的有尤克里里、吉他、低音提琴、大提琴和小提琴等。在奥尔夫音乐教学中,儿童低音提琴作为低音乐器只有两根弦,演奏时只拨不拉,十分适合幼儿学习。

b. 簧管乐器

簧管乐器包括竖笛、竹笛、双簧管和其他簧管乐器等。奥尔夫音乐教学的本土化中最常用的簧管类乐器就是竖笛。

c. 键盘乐器

键盘乐器通常指手风琴、羽管键琴等。虽然奥尔夫乐器中包含键盘乐器,但在奥尔夫的音乐书籍和音乐活动中很少出现键盘乐器。

5. 奥尔夫动作训练

(1)动作训练的内涵

奥地利当代舞蹈教育家 Hassel · Bach 说过:“舞蹈利用身体在空间中演奏音乐,音乐是时间的舞蹈。”奥尔夫的动作训练利用人类的动作、心理和生理因素来创造丰富完整的动作画面,反映客观世界的具体形象,磨炼人类的意志力。它可以让人们在视觉上享受艺术的动作魅力。

(2)奥尔夫动作训练的课程内容

奥尔夫课程的动作训练分为指挥、声势、律动、舞蹈等。

①指挥

在奥尔夫的音乐课上,指挥的地位是“计时表演者”。奥尔夫在他的《学校音乐》一书中说,指挥就像一个中央时钟,根据节奏指挥整个团队。所有演奏者都必须在背诵练习、声乐练习和表演音乐练习时练习指挥和身体相关动作(如拍手、跺脚、拍腿、扭动手指等)。

②声势

声音的力量是一种将身体视为自然工具并通过身体某些部位的运动产生声音的姿势。这种姿势包括拍手、拍腿、跺脚和捻指。这四个动作构成合唱团的四个部分:男低音、男高音、女低音和女高音。目前,非洲和拉丁美洲流行的拍打胸部、头部和臀部等歌舞,声音层次丰富。这种训练可以提高孩子的节奏感和反应能力,深受孩子们的喜爱。

③律动

律动是指人们在听音乐后,根据身体节奏的本质来表达情感的运动。节奏首先要表达音乐的要素,即音乐情感的节奏、旋律和变化。也可以理解为,音乐是一个主题,律动是一种方式。只有将身心融入音乐,儿童才能更准确地感受和理解音乐。

④舞蹈

舞蹈是一种用身体进行各种动作的艺术形式,通常伴随着音乐。它是一种艺术形式,节奏是它最重要的表现形式。舞蹈演员首先应该表达角色的情感。为了准确地表达音乐元素,演员的动作必须根据个人需求进行设计，而不受音乐结构和固定声音模式的影响。

（四）埃德温·戈登音乐教学教育体系

音乐能力倾向属于特殊（性向）的范畴，通常指个人能够实现音乐潜力或天赋的程度，即个人的音乐学习潜力，也是个人音乐学习的基础。在戈登之前，学术界对音乐技能发展趋势的理解经历了一个漫长的发展过程。

自 20 世纪 50 年代中期以来，戈登对音乐能力的发展趋势进行了半个世纪深入而系统的研究，对音乐能力发展趋势有着独特的见解。音乐学主要关注以下几个方面的内容。

1. 音乐能力倾向与音乐天赋之间的关系

戈登指出，音乐天赋和音乐能力是两个不同的概念。在正式和非正式场合，“天赋”和“能力”通常用来形容音乐家。这句话包含了音乐能力的倾向和表现的双重含义，很容易导致混淆。音乐能力倾向是衡量学生音乐潜能的重要指标，而音乐表现则是衡量学生学业水平的重要指标。事实上，音乐能力倾向与音乐表现测试之间存在一定程度的重叠。因此，当我们通过测试音乐能力来衡量一个人的音乐能力时，如果能进一步了解其他相关的个人信息，就能更准确地预测其未来的音乐水平。

我们可以将音乐天赋视为一种内在可能性，将音乐能力视为一个外在的实践表达。借助于音乐能力倾向测试的结果，我们可以通过音乐能力倾向测验的结果进行专门的训练。

2. 音乐能力倾向与遗传和环境的关系

虽然音乐能力倾向往往是与生俱来的，但它不仅取决于遗传，还取决于后天的环境。戈登认为，音乐才能是早期潜能与后天潜能相结合的产物。他认为受环境的影响，孩子们必须依靠丰富的音乐环境来提高他们的音乐才能，使他们达到高水平，或者至少保持他们的基本水平。相反，如果没有合适的音乐环境，儿童的音乐技能将会不断地下降。对于先天因素和环境因素以及它们在其中的作用哪方面更重要，戈登没有给出回答，很难解释它们是否扮演着相同的角色，或者哪些因素更重要。

3. 音乐能力倾向的分布和发展

根据戈登的说法，绝大多数孩子对音乐技能的倾向是中等的，只有少数孩子表现出很高或很低的音乐技能。在所有的音乐能力方面，大约三分之二的人倾向于中等水平，其余的人倾向于高或低，很少有人倾向极高或极低。音乐通常存在于人群中，这与智力的分布是一致的。音乐能力倾向不是固定不变的，而是可发展和改变的，这就是为什么戈登非常重视非正式环境在儿童早期技能发展中的作用和重要性。

三、设置多元文化音乐教育课程

（一）多元文化的音乐

多元文化通常指的是一个多民族国家内部由多种文化交融而成的大文化。多元文化的音乐通常指的是一个多民族国家内部由多种音乐交融而成的音乐体系。中国音乐就是由多元音乐文化交融而成的音乐体系。

（二）多元文化音乐教育课程的设置原则

1. 科学性

“课程”这个词汇本身就有一定科学性的寓意，指的是在一定时间内，按照一定的计划对特定的人进行有目的性的培养。对于音乐教育工作者来说，我们更要重视把握其中的科学性。

课程的设计要注重学生本身的差异性，不能一概而论，音乐教育作用于学生的身心，涉及身心的问题往往根据对象心理、生理特征显现出各种不同的差异来。所以在课程设计中，我们既要统一的规定，同时也要根据学生不同的接受能力因材施教，这样才能激发学生对于音乐本身的兴趣，把教育目标落到实处。

2. 多元性

学校音乐核心课程设置的多元性首先是指课程体系的多元性。我国学校的音乐核心课程体系的设计实际上是面对全体学生的。学生在相同的教育体制培养下自然具有很大程度的相似性。但是另一方面,由于他们来自不同的家庭,所接受的审美教育和文化素养各不相同。所以我们在课程设置时要坚持创建不同的课程类型。

核心课程设置的多元性也意味着教材的选择应该具有广泛性。世界音乐经历几千年的发展,犹如一望无际的海洋,我们要想培育高水平的、综合型的音乐人才,就不能局限一种或者几种教材,而是要充分拓宽学生的眼界,力图让学生对各种风格、各个时期、各个地区的音乐都有所涉及。国际音乐教育协会最近几年提出了相似的要求。但是我们也依然要牢记,在让学生广纳博收的同时,要有所侧重、有所依托,不能一味地求"广"而失去"专、精"的一面,否则会防碍学生对于音乐的深层次领会以及技艺的提高。另外,我们要重视对于民族音乐文化的传承以及在新时代的创新性解读。

3. 发展性

发展性指的是对于一门课程来说,其具有的不断成长、更新自我的能力,既是一种面向未来的特质,也是潜藏在课程哲学背后的生命力机制。对于我国音乐教育的发展性而言,应该注意以下几点:

(1)要增强总结归纳的能力。课程设置往往是从理想化的角度出发的,在实践的过程当中会遇到各种不同的情况,所以在每个时间阶段对课程的发展情况进行总结和反思,并且不断改进,是课程发展最为核心、最为有效的动力。

(2)课程在内容上要不断进行延展,在有必要的情况下大胆地将其他学科的知识精华引入音乐教育当中。音乐本身就是一个开放的系统,对其他学科知识的运用是发展灵感取之不尽的源泉。

(3)对教材内的作品可不断补充修订。不断保持有优秀新作品进入课堂,使学生一直保持新鲜感,使音乐教育具有时代气息。

（三）多元化音乐教育课程的设置方法

1. 课程多元化体制的建构

课程是组织教学最重要的依据，在课程建构的过程中采取多元化的设计是学校实施多元化音乐教学的重中之重。

当前，教学现代化设备运用成熟，多媒体等教学设备可以在视觉、听觉等多方面给学生以身临其境的感受，尤其是在音乐课程中，多媒体教学设备的运用对于多元化课程的设置是必不可少的，应不断丰富多媒体教学类型，实现课程的多元化教学。

2. 课程教材设置的多元化

在学校音乐课程中，教材是教学的基础，通过对教材循序渐进的设置能让学生逐渐地接受多元化的知识。因此，音乐教材一方面应该充分考量音乐发展的历程，包括国内外、传统和现代的音乐知识；另一方面也要结合学生的特点，注重对学生学习兴趣的激发，在基础的课程中加入多元化的音乐教学内容。外国音乐也不仅仅局限于世界音乐等教材，可以按照学生感兴趣的音乐分类，按照不同音乐类型或者不同地区进行讲解。学生只有在全面了解的基础上，才能对不同的音乐进行理解和鉴赏，在尊重音乐多元化的基础上更加尊重民族音乐，这是素质教育的要求。现代网络信息化的普遍运用，极大地丰富了教学内容，音乐教学内容在网络上有着丰富的资料，教师在课堂教学内容中可以根据实际情况选择不同的内容，尤其是音乐教学主要以音乐的赏析，以视觉和听觉为主，多媒体教学的运用能让学生在课堂中得到充分的视听享受。

（四）新时代多元化音乐教育改革与创新实践

1. 创新教学理念，改革教学方式与手段

学校在改革创新的过程中，不能让学生觉得音乐教育是可有可无的。在明确基本教育目标后，应培养全体教师的创新精神和引领能力。在正常情况下，高年级学生应该都有一定的生活经验，对音乐的感知和理解有一定的认识，教师应该尊重学生，给学生充分的发展空间。例如，

学生在教室里学习唱歌时,老师可以适当地提示,不要一味灌输式地教学。在实施音乐教育的过程中,要创新教育理念,向智能化、信息化方向发展。在引进先进信息技术的基础上,设定合理的音乐课程。

2. 抓住音乐教学重点,推动教学水平提高

学生水平参差不齐,而音乐课是面对全体学生统一授课。面对这样的情况,学校应当展开问卷调查对学生们的音乐素养进行调研。了解学生们的真正水平,由此展开有针对性的教学,才能在不浪费人力物力的情况下真正提升学生们的音乐水平。除教学之外,实践练习也非常重要,教师应当多开展一些活动,鼓励学生们参加,在比赛中检验学生们对音乐课内容的把握情况,根据情况制定合适的计划,从而有重点地在课堂上进行教学。例如,某学校音乐教师在教学实践的过程中,发现大多数学生不能进行灵活操作。原因是这部分学生面对从前未曾学习过的音乐训练时四肢难以协调,跟不上教师的教学节奏。教师在对学生们进行必要的鼓励之外,还要从课程设置角度入手去重点帮助这些学生,打好音乐教学的基础。在课程前段时间让学生着重练习手指的灵敏性,教授学生手指灵敏性运用的技巧,并矫正他们错误的手型和手势。在学生有所进步时,教师要给予及时鼓励并且趁热打铁,让学生继续进行下一步较难动作的练习,以便实现教学计划的顺利推行。

3. 采用情景教学,设置合适曲目练习

情景式、阶梯式、分层式是现代教育技术理论在音乐课上的应用表现形式。音乐是一种沉浸式学习的过程,不只需要精湛的演奏技术,还需要情感的充分融入。所以环境和氛围是提升学生乐感的极好方法,教师可以借鉴情景式教学,创建音乐演奏的氛围环境,让学生沉浸于音乐演奏的氛围之中。

例如,教师可以利用多媒体进行音乐教学,将利用电脑合成音乐和演奏出的音乐进行对比,让学生更好地理解音乐,感受不同的音乐特色。音乐对硬件的要求很高,学校要为音乐教学配备和优化多媒体教学设施,保证清晰度和音质,以提升教师教学效率。对于不同学生的不同音乐感受能力,教师应该分成小组分别教学,让学生分别体会不同层次的音乐,并进行剖析解释,保证学生们都可以在原有的基础上提升自己的音乐水平。教师们也应当及时学习提升自己,不能一成不变,可以在

同行之间研讨切磋，参与研讨会等。

4. 利用教育技术，稳步提升学生水平

为更好地把现代教育技术理论应用在音乐教学的实践之中，教师应该摒弃单一的授课模式，丰富音乐教学的形式，把音乐应用的目的放在第一位。首先，教师要尊重学生的主体地位，善于倾听学生的学习建议，使学生们能够主动地参与到教师的音乐教学中去，创造性地进行学习。再者，教师要创设良好的氛围，让学生真正喜欢上音乐课，激发出对音乐的喜爱。最后，教师要不断激励学生进行实践，把学生带入真正的音乐弹奏氛围中，鼓励学生参加此类比赛，从而不断提高学生的音乐水平。

例如，对于不同的乐曲如《雨的印记》《欢乐颂》等，教师要善于倾听学生的学习意见从而进行有层次的教学。在锻炼学生不同种类音乐的区分度方面，教师可以多给学生听不同种类的音乐进行练习，从而提升学生对音乐情感和角色的理解。教师可以使用一些辅助产品，帮助学生掌握演奏节奏，控制不同的表现方法来弹奏不同的作品。

5. 激发学生兴趣，提高学生演唱（奏）能力

兴趣是最能激发能力的一项天赋，教师在音乐教学中要注重激发学生对音乐的兴趣。音乐是具有很强感染力的一个学科，教师可以利用这一点，努力让学生投入音乐演奏的氛围之中，感受音乐给人灵魂的洗涤，感受音乐对自我精神的慰藉。

例如，教师可以举办小型"演唱（奏）会"，鼓励学生参加。对于表现优异的学生给予奖励，录制优秀学生的视频，让大家进行学习探讨，找出不足，以便得到更多的进步。教师可以根据学生不同的音乐素养进行分组，分层次进行教学，根据学习进程进行调动。这种分组方法也有利于学生保持学习兴趣，稳步提升演唱（奏）能力。教师可以利用多种教具给予基础差的学生以最大帮助，课下进行辅导，以便基础差的学生能够不掉队，更好地投入到音乐课的学习之中。

第四节　小学音乐教学中的审美感知和艺术表现

音乐审美的形成往往经历了非常漫长的时间沉淀,是经由多种要素、多种条件相互作用的结果。这些因素通常包括民族生态环境、民族历史文化渊源、民族集体无意识积淀、民族视觉和听觉生理差异等。民族音乐审美感知能力以及不同系统音乐符号的功能构成了民族音乐的整体审美心理结构。但是,在不同的时代,不同的思想往往会产生不同的民族性格、民族气质、民族认同、民族意识和民族精神,共同形成民族的心理结构,全面推动民族文化的发展形成。

音乐学科核心素养的确定,以党和国家权威文件为根本依据:十八届三中全会报告中就明确要求“提高学生审美与人文素养”。如果音乐学科将“审美与人文”具体化为“审美感知”和“文化理解”,那么“艺术表现”“创意实践”与前两者相辅相成、密不可分,四者结合为一个整体,共同体现学生音乐修养的必备品格和关键能力。因此,音乐学科核心素养可定位为:审美感知、艺术表现、创意实践、文化理解。四个方面十六个字概括了学生在音乐素养层面的必备品格和关键能力,明确了音乐学科教育对学生成长和终身发展的独特贡献。音乐核心素养的确定,绝不是一些相关词语的表象组合或罗列,它有音乐艺术能力形成的学理依据,即通过音乐感知体验、感受和亲身参与等不同形式的音乐艺术表演实践与创造,奠定可终生发展的音乐审美感知力和艺术表现力,并在感知及艺术表现的过程和基础上增强文化理解力,培育艺术情趣,丰富人文素养。

一、音乐教学中的音乐审美

在中小学音乐教学中,声乐艺术教学占有很大的比例,因此,这里主要以声乐艺术为例进行分析。

(一)形式的审美

音高、音值、音强和音色四个方面是一个不可分割的统一体,共同组成了声乐的美感。

1. 音高的审美

音高体现的美感是通过乐音的高低起伏变化而展现的。与噪音相比,乐音具备一种纯天然的、稀有的音高的美感。因为人类生活的环境中到处都充斥着噪音,所以,这种美感是极为珍贵的。特别是在噪音的衬托下,人们更容易感受到乐音音高产生的美感。乐音产生的美主要体现在单音的单线条起伏变化形成的旋律之美、多个线条相交变化形成的复调之美和多个不同音高的块状音高变化形成的和声之美。所以,对音高的审美的前提是学生在学习阶段积累大量且必需的旋律、复调、和声等听觉资料,并经历相应的听觉练习,掌握音高审美的能力,只有通过这样的教育,学生才能够拥有对音高之美非常敏锐的“耳朵”和反应能力。

2. 音值的审美

音值所体现的美是由乐音长短变化的持久性表现的。与音响不同的是声乐音值的美感是与生俱来的。相反,音响的音值则是由自然的声音和语言的声音后天混合而成的。人类生活的环境几乎都是由单调的、乏味的、自然的声音和语言的声音构成的,这样的声音是不具备或者说缺少足够丰富的长短变化的。相比之下,音乐这种纯天然的音值之美是极为珍贵的,是任何一个倾听者都认同的美感。在缺乏音值变化的自然声音和语言声音这样的一般基础性音值的烘托下,人们在声乐的世界里更能体会到享受和舒适。音值的审美主要是对节奏之美和曲式之美的感觉、体验和评价。

如果想要具备这种音值的审美能力,在音乐教学活动中,教师应该重视对学生的节奏和曲式的听觉训练,并不断收集和积累听觉资料。只有这样的训练才能够为学生的音值审美打下坚实的基础,并有效形成节奏之美和曲式之美的敏锐反应能力和分辨能力。

3. 音强的审美

音强所表现的美感主要是在音乐的强弱变化过程中展现出来,不同于音响的音强之美,音乐的强弱转换的美也是纯天然的。相反,音响是以自然声音与语言声音混合而成的强弱所展现的,具备后天合成的特性。人们所生存的环境中99%感受到的音强改变都是由自然声音和语言声音展示的,是单调的、缺乏和谐性的强弱变化。音乐所展现的自然、多变的强弱变化,在充斥着自然声音和语言声音组合的毫无规律与和谐音强美感的世界里被衬托得十分宝贵,也让倾听者拥有舒适的感受。音强的审美主要集中在对声乐的力度和节拍的感受与评价上。所以,在音乐教学活动中,应着重收集声乐作品中关于力度和节拍的听觉素材,并以此为音强审美的基础,加强音乐音强之美的训练,以拥有音乐音强审美的敏锐性和反应能力。

4. 音色的审美

音乐泛音结构的不断变化产生浑然天成的乐音之美。这也是音乐审美的对象。不同于自然界产生的音响和人类语言发出的声音,声乐的音色是富有变化、复合多样的,具有天然的美感。这种美感在人们生活中大量的自然之美和语言之美的衬托下更显得与众不同,更让人们体会到一种珍贵的、舒服的、放松的状态。音色的审美重点是配乐乐器、合唱之音、声部分层变化等多个方面。学生在接受声乐教学中的审美教育时应不断积累声乐作品中音色变化的听觉素材,为自己进行音色审美打下坚实的基础,进而掌握对音色审美的反应能力和辨别声乐作品中音色美感的灵敏度。

(二)内容的审美

在声乐作品中,内容的美感是从情节、情感、画面与思想哲理四个方面展示的。

1. 情节的审美

与文学作品相似,声乐作品中也通过标题、旁白解说、歌词等要素展现出具有故事性的角色设定与戏剧性的冲突矛盾。倾听者通过声乐之音传达的语言信息和个人的领悟来理解声乐作品的人物角色及角色之间发生的故事与关系,之后会在内心自然产生一种美好的感受。这便是声乐作品的情节审美。但是,与文学作品不同的是,倾听者不是通过倾听声乐作品的音色、音高、节奏、旋律、音强等感知情节、了解故事的。简而言之,对声乐作品情节的审美重点不在于情节本身,这是因为听众在“倾听”之前已经通过作品说明先了解了这个“故事”有几个主人公,大概要讲一个什么样的故事,甚至可以知道几个经典情节的具体内容,听众审美的过程是在了解之后是否能够在“倾听”的活动中听出自己所了解的故事、人物与情节。换言之,声乐的情节之美是倾听者在声乐作品中去“验证”自己听到的文字或语言讲述的故事。在“验证”的过程中,倾听者还必须具备“联想”的能力,主观设计故事情节、人物形象、场景与氛围,在这个基础上感受到“美”。这种情节的美感可以存在于标题音乐、歌舞台剧、影视剧、艺术歌曲等多个题材的作品中,可以使听众产生更丰富的情绪、更生动的美感。

2. 情感的审美

对声乐作品的情感审美,主要来自声乐作品题目和表演者面部表情的暗示以及音响发出的声波高低起伏变化与人物心理情绪变化产生的共鸣共同作用下的情感感受。换言之,这种情绪展现的仅仅是喜、怒、哀、乐本身,而无法向人们解释这种情绪产生及变化的原因,也无法明确讲述情感的内涵。作为倾听者,本能地将自身的经历与经验自然而然地代入声乐作品中,自己寻找情绪变化原因,并定义情感的内涵。由于倾听者个体的独特性与差异性,由其各自找到的情感归属和代入的情感内涵截然不同,甚至天差地别。尽管对同一声乐作品的情感解释存在千差万别的形式,但每一位倾听者都会因为个人的理解和填充的内容而感到愉悦与欣慰。情感的审美训练可以通过多种演奏形式的室内乐或标题音乐、艺术歌曲、流行乐曲等多种体裁的音乐作品来完成对“美”的体验。

3. 画面的审美

声乐作品本身不具备客观意义上的“画面”,但是倾听者可以通过作品题目的深层含义或者音响的强弱表现来结合自身的经验产生相关画面或者场景的联想。当倾听者在这样的画面或场景中感受到了“美感”或者“愉悦”,那就成为声乐作品中的画面美感,也就是声乐内容审美的主要对象。

当然,这种“画面”不是倾听者视觉上真实感受到的,而是通过听觉器官转换而来的,其带来的美感也将与器官直觉的体验一一对应,并自然地转换。对声乐作品的画面审美训练可以从标题音乐、解说词、艺术歌曲等方面获得。

4. 思想哲理的审美

在声乐作品中,倾听者可以透过作品的题目和音响展示方式的提示进行思想性的探索,获得哲学方面的理解和思考、人生的领悟等。在这种情况下,倾听者会因为产生的自我认知和领悟而感受到愉悦的体验,这便是声乐作品中的思想哲理之美。对声乐作品进行思想哲理的审美,我们必须清楚地知道这种思想哲理本身并不是倾听者创造的“哲理”,而是倾听者内心早已经知道的、认可的道理。倾听者只是通过声乐作品带来的体验和感受唤醒了自我认知和对思想启迪的重新思考。在思想方面的哲理性思考与探索都会在语言的调值、节奏、速度等方面有所变化,并配合发人深思的题目和歌词、沉稳或激烈的配乐来达到准确传递创作者想要带给人们的人生思考。

(三)声乐中的其他审美因素

构成声乐审美的三大要素分别是歌词、旋律以及演唱技巧,只有三者都达到了审美标准,声乐整体才是有美感的。

1. 歌词

所谓语言艺术,其实就是人们常说的词。声乐以语言艺术为中介,形成了自己独特的审美功能。歌词是传达审美情感的媒介,但接受者只能通过想象等心理活动感受艺术形象,可见语言艺术是间接的、自由的、充满情感的。一方面,歌词以创作者为中心,很少受到时间和空间的限制;所有的声乐歌词都包含着创作者的主观情感。歌词中文学艺术的情感越丰富,就越能打动观众,引起情感共鸣。如《枫桥夜泊》这首艺术歌曲,简短的两句话里就提到了月亮、乌鸦、寺庙、钟声、客船等景和物,我们仿佛能看到江南深秋时节,作者孤寂地立于船头遥望远方的画面，这是一种以实写虚、虚实结合的意境。

事实上，审美功能的本质在于人的审美心理，它与人的艺术欣赏水平和喜好密切相关，相互影响，相互作用。所以，对声乐作品的欣赏是建立在听觉感知的基础上的，通过歌词的表达产生联想和想象，进而创造情感，最终获得精神上的愉悦和享受。

2. 旋律

音乐是有形象的，音乐形象的塑造往往是由旋律曲调来决定的。旋律包括音乐的强弱、节奏、调性等方面，他们共同构成非语义性语汇，为歌词营造出幻想空间，给人们带来真切的审美感悟。

旋律的审美和歌词密切相关，有时歌词所提供的形象、意境比较模糊，但结合旋律后形象瞬间明朗许多。所以在声乐教学中我们需要抓住音乐最典型、最具有特色或最直观的形象，再结合旋律给出的“语境”对全曲进行理解。其中，旋律的调性对声乐色彩的影响是相对较大的，有些歌曲一听就能马上感知其风格特点，如大调色彩明亮，小调色彩委婉、暗淡，民族声乐作品中可以明显地找到属于五声调式的音阶等。

不同的声乐体裁和风格一样，也有自己的固有审美范式。如进行曲的节奏节拍就比较方正、规则，通常强拍都位于正拍的位置上，听起来整齐划一、精神振奋；舞曲旋律大多抒情、平缓，以三拍子为主，音乐优美动听。

3. 演唱技巧

乐器的审美主要和音色、演奏技巧有关，而声乐的审美则与人声、演唱技巧有关。人声是声乐艺术的传达载体，要想体现出声乐的审美价值，演唱技巧至关重要。不同类型的声乐作品在发声、唱腔的选择、呼吸、共鸣等方面都是有区别的。如在我国的传统音乐中，京剧唱腔中的鼻音就最富有特色，许多近代以来的京剧著名演员在鼻音唱腔上都具有明显的优势，如金秀山、裘盛戎等。但是对于西方的美声唱法来说，要求打开喉咙，有意识地控制声带频率的振动机能，通过咽腔、口腔等共鸣器官使声音更加扩大，集中到头腔发出，而鼻音唱法在美声的演唱中很难运用，甚至会起到破坏作用。从这两个例子中我们也能看到，演唱技巧的选择与声乐作品的最终审美效果息息相关。

（四）声乐审美的价值

歌唱是学校音乐教育的重要组成部分。唱歌是美育的重要形式。一首好歌是一首能唱的“诗”，具有文学性，所以有人称之为“音乐文学”。一首好歌提供了最巧妙和最现实的内容，不仅反映了现实生活内容，而且以押韵为基础，形成了一种奇特的节奏。

歌谱是作曲家根据音乐的表达方式和规律，将单音巧妙地理解为旋律、节奏、节拍、声音等的音乐设计和文字记录（音符）。音乐元素是歌曲的基础。音符本身没有审美价值，但它们是创作优美歌曲的基础。

演唱是对歌曲的再创作，它可以将歌谱上的文本转换成可以直接听的歌声。歌声所赋予的审美感，当然取决于词的文采、曲的优美动听，以及演唱者的声情并茂。歌曲一旦创作出来，只有通过近乎完美的歌声以及良好的处理与表现，歌曲的审美意义才能得到体现。归根到底，要创作出一首优美的歌曲，必须掌握一定的声乐技巧。然而，对审美价值的评价通常以“声”和“情”两种方式来衡量。“声”通常意味着歌曲必须自然、流畅、圆润、清晰；“情”首先要求歌曲听起来生动、真诚，以表达对作品的预期感情。正如人们常说的“声情并茂”，这是歌唱审美标准的具体表达。

歌唱是音乐教育的主要组成部分之一，具有特殊的审美教育价值。歌曲的内容在艺术上生动丰富，蕴含着深厚的思想内涵，如此美好的情怀，可以滋养学生的心灵，用音乐的情感升华来歌唱，可以表达心灵的美。另外，多声部声乐（如合唱、二重唱）是一种“立体”声乐，可以增加美感和声乐表现力。歌唱教学是学校音乐教育中最有效的方法。歌曲富有表现力，生动活泼，内容丰富，旋律优美，最能感染和培养孩子。歌唱教学的过程包括学习和应用音乐知识、歌唱技巧和阅读音乐的能力，还包括感知音乐的能力，培养欣赏和表达音乐的能力，以及创造更好的再现情感所需的想象力，这也是培养学生智力的过程。

（五）声乐教学中审美意识的培养

1. 声乐教学过程中应树立起正确的声音概念与审美观

学的前提是了解。声乐教学中审美观念的培养不是短时间内就能达成的，一定要先让学生认识和了解什么是声乐？正确的声音概念是怎样的？演唱中什么样的声音才算美？这个认识和了解的过程必须要先听、先感知才能慢慢得到。听是感受音乐的前提，也是音乐学习中最重要的过程。所以，声乐教学活动需要从“听”开始。

学生在刚接触声乐时大多没有整体概念和认识，因此教师在教授之初要尽可能在每一门课程中都贯彻“倾听”二字。一方面多安排优秀的声乐作品进行示范或赏析，让他们听清楚歌词要表达的内容，体会音乐旋律、他人的演唱，充分感受音乐中的情感和美，让他们明白什么是正确的声音概念。另一方面也要教学生唱，让学生听自己唱，感受自己与老师之间的声音差别在哪里，并及时做出调整。这样才能逐步形成正确的声乐理念，也才能用正确的理念指导今后的表演。

除此之外还要注意教学的引导性，从音乐语言入手，挖掘音乐作品的特点和分析作品结构框架，启发性地引领学生去自我发现和感受音乐中的节奏美、旋律美、意境美等，让学生形成直观的个人感受能力。歌唱声音的美感是实现声乐艺术之美的基础。这一点在世界范围内得到了认同，几乎所有的声乐理念都强调了人声在声乐中的地位和艺术魅力。

在日常的声乐教学实践过程中可以采用以下几种具体的教学手段：

（1）在声乐课堂上适当采用多媒体技术。多媒体技术能够让学生对声音有更加直观的感受，比如，播放一些著名歌唱家的演唱视频或者名师的发音方法视频，学生可以在课堂上跟着练。还可以把学生的练习过程录下来，让学生自己比对教师的唱法，反复揣摩，这时教师再引导就事半功倍了。久而久之，学生既可以独立地练习，还能形成清晰的歌唱概念，从而有助于建立声乐审美观念。

（2）鼓励并引导学生通过相互观摩进行独立的思考。课堂上教师的教学是一方面，学生之间的观摩和学习是另一方面。通过倾听对方的演唱，可以看到他人的长处和自己的不足，分析彼此之间的差距，取长补短。这样做的好处就是既在倾听的过程中回顾了教师所教授的内容，又能尽快地建立起自身的声乐审美观。

（3）教师要注意同是教育主体之一的学生的地位，不能将自己看作教学的权威者，而是要贴近学生进行教学。根据学生学习的进度、不同学生的学习情况和水平采取恰当的教学手段，并在教学活动中适时地进行调整，真正做到因材施教，帮助学生在最短的时间内建立起正确的、完整的声乐审美理念。

在教学过程中有一些问题是需要注意的，就是要允许有不同审美观念存在。学生唱得好与不好，不能理所当然地用自己的喜好做出评判，而是要结合实际情况和理论进行评析，在保证基本正确的前提下，呵护学生的创造性心理。要知道不同的唱法其声音概念和审美可以是多元的，非常规的并不一定是错误的。可以说声乐艺术的审美标准具有一定统一性，又具有多样性的审美特征。只有不同的审美标准才能产生不同的声乐演唱方式与流派，也正是因为不同的审美才使声乐最直接地体现出了音乐艺术之美的核心本质。

2. 发声练习中审美意识的培养与效用

良好的嗓音是歌唱重要的物质前提，但只凭借先天优势而忽略后天的声音训练，即使再美妙的歌喉也终会被舞台抛弃。所以，优美的声音需要依靠长期的、科学的发声练习才能日渐累积而成，这期间对审美意识的培养也有一定的作用。

发声是人的生理状态与心理状态的和谐统一，也是发声练习的关键与核心。要想获得良好的发声状态，有以下几种具体可行的方法：

一是喉咙要“打开”。将口腔的硬腭和软腭都适度地张开与提起，立起后咽壁，喉头保持稳定并向下松开。当气息冲击声带振动时，发出的声音才响亮而有力。

二是器官放松。放松是指发声器官要处于相对松弛、自然的状态，在运作时不要过于紧绷，注意处理好“松”“紧”的生理平衡。既不要捏着嗓子唱歌，也不能松垮垮的没有精气神。

三是发声“通畅”。无论是唱低音还是高音都要保证气息通畅，音色统一。呼吸要深，用混合共鸣最好，唱的时候要有一种托着声音向前运行的感觉，这样的音色才丰满、有光泽。

四是“焦点”集中。在发声时会感到声音好像聚在某一“焦点”。“焦点感”愈明显，声音就愈明亮、愈有穿透力，唱得也愈轻松。尤其是唱高音时，它可以促使声波形成鼻腔上部共鸣而获得良好的高泛音共振。

从上述方法我们也可以发现，发声练习在实际教学中较为困难。原因在于发声需要作用的器官有很多，不仅在发音的时候需要不同器官相互协作，而且发不同的音时器官也要做出相应的变化，但教学方法大部分是以讲授为主，用语言进行描述和指导发声难免苍白许多。因此在具体教授时要注意方式方法的选择。例如，学生的开口音很棒，但是一到闭口音就很沉闷，失去了应有的共鸣，若只是简单地告诉学生“把气息吸下来，打开鼻腔和头腔”，学生无法理解，也不知道该怎么做。这时可以换个说法，让学生体会闻这个动作，同时想象半打哈欠的感觉，这样学生就能尽快掌握发声的窍门，及时纠正自己的发声方式。

另外，长时间反复练习会让学生觉得枯燥乏味，容易进入一种机械的发声状态，一方面不利于声音的训练，另一方面也失去了对情感的体验。教师要适时地引导学生，可以多准备一些相同类型的练习曲目，替换练习；也可以让学生跟着旋律舞动自己的身体，刺激他们的练声状态；还可以给学生讲解音乐旋律的特点，如级进表示音乐舒缓，大音程跳进代表着一种张力，让学生体会音乐中的情感。但无论选择哪种方法都要注意发声技巧与情感的结合，这样练习效果才是理想的，也才能打动观众。

3. 声乐作品艺术处理中审美意识的培养

声乐作品的分析与理解是声乐表演的基本前提与出发点。优秀的演唱者之所以能轻易地引起观众共鸣，原因就在于他把握住了作品的情感，将其完美地、真实地再现出来，而情感的把握需要从声乐作品的歌词和旋律入手。

歌词在文学方面的独立性，是相对于歌曲整体而言的，也就是说，歌词不只依附于音乐，还应该有其独立存在的文学价值。歌词是一首声乐作品的主题与基石，只有对歌词进行深刻的分析与理解，才能真正领悟歌词中蕴含的情感之美。歌词是构成声乐艺术作品的基础，古诗词作为歌词来讲，语言精炼，使声乐艺术作品更能展示出民族文化艺术美。歌词在表演者进行精准咬字的演绎时要体现出整体的自然与流畅性，首先要做到听者可以听清楚歌词，了解歌词大意，要与大众的审美水准相贴切。其次要让聆听者理解并感受到艺术作品所要表达的真情实感。

歌词并不是为音乐的谱写而创作的，而是作曲家们受到诗人所创作的精美诗篇的启发而进行的音乐创作。因此，在演唱之前，我们必须要让学生对歌词进行深入细致的研究，理解并深刻地领悟其人文内涵与审美价值。教师要带领学生逐字逐句地进行分析，不仅要理解字面意思，还要弄懂借喻、暗喻等更深层的含义。同时，可以安排学生进行朗诵，体会其中的情感。

二、音乐审美教育

音乐教育活动离不开审美,这是艺术自带的属性之一,有了审美,音乐教育才能施展其作用。

(一)音乐审美教育的原则

音乐审美教育活动的开展需要遵循一定的原则。音乐审美教育原则可以指导教师更好地根据音乐特点和学生的个性化审美需求开展教育工作。

该原则是从常规的音乐教学原则中引申出来的,因此它们之间有重合的部分又有所区别。原则的宏观目的是一样的,即要全面培养学生,使其在德、智、体、美、劳方面都有所发展,成长为与时俱进的好学生,进而为新时代的建设贡献自己的力量;不同之处在于,音乐审美教育原则的侧重点是要体现音乐的审美属性及其应该达到的审美目的。

1. 思想性与艺术性相结合的原则

音乐作为一种艺术美,本身就有着深厚的真善美内涵,真善美必须非常统一。

音乐教育活动的主要目的是教育人,毫无疑问,必须遵循上述艺术规律,其体现的是思想性和艺术性相结合的原则。

音乐教学教材是美育的基础。那些能让学生唱、演、听的歌曲和音乐,不仅要充满健康的内容,具有一定的教育和认知作用,而且还要有优美、动听、富有感染力和生动的音乐艺术意象。这两个方面必须完美结合,缺一不可。如果只考虑意识形态而忽视艺术,音乐作品就不能成为审美的主体,学生不爱唱歌不爱听,审美教育就变得毫无价值。相反,如果只关注艺术而忽视音乐的思想倾向,甚至将不好的音乐引入课堂,就会毒害学生的意识,产生负面影响,显然会彻底破坏音乐美育的作用。因此,在开展审美教育时,必须把思想性与艺术性结合起来,两者相辅相成。

2. 审美体验与审美实践相结合的原则

音乐的情感内容可以通过审美体验得到进一步的发展和感知,让审美主体进入一个充满情感和理性的更高审美环境。在音乐美育的实施过程中,重要的是要培养学生对音乐内容的精准而深刻的感受,使他们能够更好地欣赏音乐,但作为一种教育活动,仅仅有审美体验是不够的。由于所有的审美体验都必须依赖于对音乐的感知、音乐表达的实践和音乐的创作,因此有必要让学生参与审美实践以提高音乐品位。

操作性实践和欣赏性实践是音乐审美实践的形式。其中,前者主要通过音乐和创作音乐进行审美活动。诸如唱歌、演奏音乐、作曲等教育活动,通过学生个人参与音乐实践来感知和展示音乐美。这些活动不仅需要一定的技巧,还需要渗透和培养学生的审美能力。欣赏的练习主要是通过对音乐的直接感知来完成的。它主要是让学生听音乐,发现和理解审美真理。

审美体验必须基于审美实践,没有审美实践,就没有审美对象(音乐)、没有审美体验。虽然审美实践广泛延伸到音乐的审美对象中,但要想达到更高的审美水平,进入音乐美的自由世界,就必须通过感知来享受情感的审美体验。因此,审美体验与审美实践相结合,是音乐审美教育的基本原则之一。

为贯彻审美训练与审美体验相结合的原则,必须注意促进学生在各种审美实践中对音乐作品的审美观察和学习,避免简单枯燥的技术学习。由于学生的生活体验相对较少,审美体验不足,因此要在学习歌唱、音乐等审美实践的过程中,对学生的生活体验进行深入的研究,以逐渐形成丰厚的审美经验积淀。

3. 感性认识与理性分析相结合的原则

音乐可以被听觉器官直接感知。这种审美方式直接、具体、活泼,是审美感知的基础。如果没有感官感知,音乐美学就会停止。因此,音乐美育应首先依靠感知、听觉视觉特征训练。

音乐审美教育是一个完整的过程,它从感官感知开始,经过各种复杂的心理活动,上升为理性认识,最终才能实现全部过程。如果把音乐审美活动放在感官认知的初级阶段,它只是一种功能性的感觉和情绪反应。不仅无法对音乐作品做出准确的审美和判断,更无法深入评价其丰富的内容。因此,音乐家们将音乐分为感知、欣赏情感和理智感知,并强调要真正理解音乐,这三个方面是不可或缺的。知觉、情感感知是一种感觉,而对理性的获取则依赖于对理性的分析。因此,在音乐美学中,情感认知必须与理性分析相结合。

对音乐的理性分析要结合音乐要素，如旋律、节奏、调性、调式、和声、配器法等表达方式，并在此基础上形成风格、流派特征。此外，还需要对作曲家所处的年代、作品的创作背景进行分析，这可以促进对审美感知和知识深度的掌握，在学习过程中，结合听觉感知，应加以分析，以增强学生的审美能力。

在处理感性认识与理性分析相结合的原则时，应考虑到两者之间的有机紧密联系。感官认识和理性分析是发展和提高音乐美学的综合性、完整性的系统工程。根据审美感知的差异，要先进入感知，再与理性分析更加紧密地联系起来，使其成为一种外在的审美教育活动。

4. 统一要求与因材施教相结合的原则

任何教育活动的开展都需要有统一的标准和要求，以便能够实现课程的目标。音乐教育为实现审美目的也应该有目的排序，如在审美实践层面，根据本课的教学内容和难度，经过学习可达到的一般要求。

但每个人的审美感知和能力不同，对音乐的感知也存在明显差异。例如，全班同学同时学习唱一首歌，有些练习两遍就会唱，有些甚至两堂课都学不会。这些现象都指向审美感知的差异。

审美感知的差异是普遍存在的，从而导致学生音乐审美教育存在不均的客观现象，这无疑给统一性的需求带来了困难。因此，针对不同的目标群体，应采取多种教育教材和方法，也就是我们说的因材施教。根据学生的歌唱、演奏和表演及审美能力，采取不同的教学方法，可以提高他们的审美水平。

（二）音乐审美教育的特点

音乐是一种特殊的美育形式，尽管它也体现着一般美育的共性特征，但在其实施过程中，却有着较明显的自身特点，这些特点主要表现在三个方面。

1. 听觉感受

人类主要通过身体的各个感官感受事物的好与坏，做出审美的判断，这种审美感觉是直接的、主动的、具体的。不同形态和特征的美所用的感官通道是不一样的，如绘画的美要通过视觉感受，而音乐的美则是通过听觉感受。所有直观感受汇集成的形象思维让大脑对事物美的状态形成反馈，帮助人们准确地把握和品味美。

"六律具存而莫能听者，无师旷之耳也。"音乐是通过听觉而存在的，没有听觉就无法感受音乐、接收音响信息，也就无法进行音乐审美教育。由此可见，听觉感受对音乐审美教育来说，是物质转化为精神的基础环节。具体体现在以下两方面：

（1）音乐作为教育者和受教育者关联的共同体，一定要通过听觉感受才能建立彼此的教育关系，也就是说听觉感受是联系教育主体和审美对象之间的纽带。所以，以音响为物质材料的音乐审美教育，必须建立在音乐感受基础之上。

听觉感受是对音响形式的直觉把握和认识，通过"听"可以感知音乐的一些基本信息，如音乐中高低起伏的旋律线条、变化多样的和弦、快慢有序的节奏等，都是可以感知的、不可或缺的因素，这些信息对接下来的音乐审美体验起到了提示和引导作用。教育者只有真正听懂了音乐才能向受教育者传授正确的音乐知识；受教育者也只有听懂音乐，才能感受音乐的美之所在。

（2）除去聆听音乐的音响外，音乐审美教育还要借助语言讲述手段来完成。这也是区分音乐审美教育和音乐审美活动的特点之一。

音乐的形态很多时候无法用语言清楚地描述出来，但是在具体的教学中，用语言说明和诠释又是十分必要的。像贝多芬的《命运交响曲》，尽管可以穷尽词汇描述其中的苦难、光明，但远不如听觉带来的震撼、感人，这是语言不能实现的。唯一的好处就是通过语言的讲述，能让受教育者感悟和领会音乐中的美，明白音乐美在什么地方以及其中包含的音乐知识。尤其是教育对象的年龄越小就越需要通过这样的方式引导和启发他们的审美能力。

需要注意的是，音乐的感知并不是只有听觉，还有视觉以及其他感官的作用，如视唱就需要用到视觉识谱的功能。穆索尔斯基的《图画展览会》和德彪西的《在夜空中飘荡的声音和香气》则分别用到了视觉感受和触觉、嗅觉感受，这就是所谓的通感或联觉。

2. 情感抒发

情感抒发是美育的核心内容，也是一切审美教育的基本特征。

对音乐审美教育来说，情感是听觉体验过后人们对音乐本体的感觉和态度，它有着特殊的表现形式和内容。

首先，音乐是一种特殊的情感载体，情绪会随着音乐旋律的高低产生不同的走向；音乐的行进过程可以微妙地展示出情感的变化，能将世间所有的情绪和情感都融入其中，如旋律急速跳进时情绪会激烈、欢快，旋律平缓时情绪平稳、安详。其次，贝多芬曾说过："语言的尽头是音乐出现的地方。"也就是说音乐能表达出语言无法言说之处。这是音乐的优势所在，即便是没有歌词的音乐也能够生动地传达出更为复杂的情感。因此，人们往往借助音乐塑造的艺术形象来诠释自己的心中所想、所感，并将音乐作为一个特殊的情感交流方式普遍流行开来。这些都是音乐审美教育所独有的。

音乐中蕴含了情感抒发的特点，那么在审美教育时也要按照这一特点来执行。一方面，教材和实践曲目要选择情感上更加积极向上且具有真情实感的，越是真实就越能引发学生的深思，其教育影响也就越深刻。只有这样才能激发学生的思想情感，陶冶他们的道德情操，培养出健康的审美观。反观那些索然无味的音乐，提供不了情感价值自然不能引起共鸣，审美教育更是无从谈起。另一方面，仅仅是音乐自带的情感表述是不够的，还需要个体的情感介入。在具体的音乐教学活动中，人的情感参与是十分重要的。从施教者角度来说，无论是演唱、演奏还是音乐欣赏的教授都要投入饱满、真挚的感情，不仅为学生正确体会作者的思想情感提供了指引，同时还带动和感染了学生情感；从受教育者角度来说，学生在音乐表演中也要投入自己的情感，才能取得良好的表演效果。

3. 愉悦精神

如果按音乐的体验递进程度来说，听觉是开启音乐审美之门的钥匙，情感抒发是音乐审美的中心内容，那么为人们带来精神上的愉悦则是其最终目的。它包含两层意思，既指的是音乐审美教育的过程本就是愉悦的，也指的是音乐审美活动可以给予人们精神上的快慰与满足。

"乐者，乐也。"音乐能使人开心、快乐，不止是身体上的激动、手舞足蹈，更多的是在心理上达到了一种平衡或精神得到升华。它弥补或置换了精神领域中残缺和不好的一面，使整个精神世界更加充实、和谐。相比大部分学科而言，它能以较为轻松愉快的方式达到预期效果，受教育者也会自愿地、潜移默化地接受教育。所以,音乐审美教育又可以称得上是一种快乐教育。

有一点我们必须加以警惕,就是音乐审美教育的品质有好有坏,层次有高有低。优美、高尚的音乐能催人奋进,净化心灵,促使我们朝着正确的审美方向发展;而那些粗俗、萎靡或伤感的音乐虽然可以短暂地满足心理需求,但并不能够为精神层面带来愉悦感,相反还可能让我们精神低迷,腐蚀我们的心灵,这样的音乐审美教育是低级的。

(三)审美感知能力的培养

音乐属于听觉艺术,对学生听觉感知力有着很高的要求。因此,音乐教育基础是要引导学生建立良好的听觉感知能力。尤为重要的是,要发挥音乐教师的引导作用,将这一能力的培养作为一种有意识和经常化的行动。

音乐听觉感知能力包括对于音准、节奏、音色、旋律、调式、速度、和声、复调、曲式等音乐表现要素的感受、分辨、反应和把握能力。

(四)审美想象能力的培养

音乐的想象力以及联想力是学生音乐审美能力中不可或缺的一部分。音乐作品中包含大量文学性的内容,这些内容对于学生来说往往十分抽象,因而需要通过发挥想象力和联想力进行深刻的体会。要把音乐运动形态和人类情感转化成音响动态结构,所经历的就是一个创造性的过程,在整个创造过程中,想象力非常关键。

联想属于想象的一个重要形式,其基础是人体受到新刺激所带来的一种反射,通俗一点讲是新刺激,可以引起学生对相关生活经验以及情感的回忆,此时就会出现不同形式的联想。比如,宽广以及舒展的旋律节奏很容易让人联想到宽广无垠的草原,活跃的旋律常常让人联想到奔跑跳跃的场景。在整个音乐艺术审美实践中,联想是最为重要的方法以及现象之一。无论音乐作品是否有标题都要借助联想的方式来欣赏。

我们聆听一首音乐作品,听到耳中的只不过是音响,而把音响变成一种有着深刻内涵的可视形象,要经过人的联想以及想象来完成具体的转化。这一转化过程的形成与个人气质、文化素质、生活经历等有着密切的关系。

（五）审美理解力的培养

音乐艺术审美理解力的培养，需要广博而丰富的艺术知识与修养，尤其是文学艺术修养对于音乐艺术审美能力的提高有着重要的意义。此外，丰富的人生阅历和情感体验也将非常有助于人们对音乐的体验与领会。

音乐艺术审美理解力的培养，并不能依靠死记硬背的方式来达到目的，所凭借的实际上是感性把握力。与此同时，还需要和人生的情趣意味进行紧密的联系，所以先要从初步的感受来步入理解的层次，在理解的过程中又不能够与感受分离。音乐理解要把感性体验作为基础，最终做到感受、情感体验以及想象的统一。

要想培养和提高学生的音乐理解能力，更为主要的还是要让学生多多聆听优秀作曲家的音乐作品，在不断的实践和总结中塑造音乐艺术审美能力。但是，学生不能将自己的音乐欣赏限制在某一种类型的狭小范围内。“偏食”不利于人的健康，音乐上的“偏食”更是不利于学生审美能力和理解能力的发展。除了音乐欣赏这一教育途径之外，还需要积极引导学生参与音乐实践活动，使他们在实践中获得切身的体会和感悟，这样得到的能力才能够获得巩固和良好的发展。

综上所述，音乐艺术是素质教育中不可或缺和无法替代的重要组成部分，而且凭借自身独特的内容、方法以及途径贯穿于人的综合发展的全过程。大量的研究实践表明，音乐艺术能够极大地促进人的情绪以及心理的健康发展，能够有效地调整人的情感结构，使其变得更加丰富和完善，使之真正得到接受美的心理定式和积极健康向上的审美意识与审美观念。这给人带来的不仅有美的启迪和愉悦之感，还带来了一种善的引导。它用一种无声的力量和春风化雨般的柔情渗透人的情感、心理等多个方面，这对于推动人的德、智、体、美、劳全面和谐进步有着关键作用以及特殊的价值，艺术的传播意义大多就在于此。

三、小学音乐教学中的艺术表现

（一）以综合表演为由，有效增强儿童的音乐表现力

在小学音乐教学中，教师可根据歌词内容和小学生发展等实际需要，认真设计一些优美而简单的动作，以此引导学生们的律动或表演。这不仅有利于促进小学生对于歌曲内容的学习与理解，而且有利于增强他们在情感性演唱中的表现能力。以《小象》为例，在教学过程中，教师可以首先教唱歌曲并引导学生们借助手臂来表现小象的长鼻子，让他们边唱歌边表演或律动，在"载歌载舞"中激发学习情趣，培养学生音乐学习的表现力；歌曲反复教唱后，激励学生"用其他方法表现小象的长鼻子"，比如有的用双臂合拢来表现，有的用上衣做成头饰来表现，有的用红领巾绑在鼻子前来表示等。值得一提的是，在一些通俗易懂的歌曲欣赏中，可让学生们联系实际，在聆听赏析活动中，用自己喜欢的方式表演歌曲内容，有效培养并增强他们的音乐表现力。

（二）以歌唱教学为由，有效激发儿童的音乐表现力

就音乐课程而言，演唱歌曲既是基本内容，又是最易让学生接受与喜爱、理解与参与的艺术表现形式。不仅如此，基础教材中唱歌教学所选取的"例子"，内容丰富，题材宽泛，风格多样，语言生动，旋律优美。其实教唱一首歌曲并不难，最为重要的是如何才能让学生在声情并茂的歌唱中产生共鸣并滋润心灵。以"激趣导入"为例，在教唱《动物说话》导入环节，教师可以借助多媒体音乐背景，绘声绘色地说出一条谜语："一身绿衣服，专吃小害虫。陆地水里都是家，唱起歌来呱呱呱。"学生们很快地猜了出来。接着鼠标轻轻移动，一只生动可爱的大青蛙立刻出现在眼前，还在"呱呱"地跟大家打招呼。这一切迅速激发了学生们的良好情绪，在歌唱教学中，他们争先恐后地上台进行小动物的动作表演，教唱效果是不言而喻的。

四、小学音乐教学中的音乐欣赏教学

音乐欣赏课是小学阶段音乐教育的重要内容,对培养小学生的音乐鉴赏能力具有重要作用。小学音乐欣赏审美体验教学可从以下方面入手。

(一)营造浓厚氛围,提升鉴赏能力

音乐教师运用专业知识分析当前学生喜爱的流行音乐,让学生在欣赏音乐的同时获得音乐经验和相关知识,提高学生欣赏美的能力;为学生留出展示空间,鼓励他们积极参与,提高他们的参与程度和音乐素养;教会学生用心聆听,心无杂念地体会曲调中的丰富情感,感知音乐的魅力。同时,教师还要培养学生捕捉生活中的“音乐”的能力,如早上清脆的鸟叫声、小桥下潺潺的流水声、雨天滴落的雨水声……通过捕捉生活、大自然中的声音,提高学生对世间万物的感知能力,在对事物的感知中丰富学生的内心世界,充实自我。

(二)选择合适内容,提高欣赏水平

根据学生的认知特点和认知水平差异,教师在音乐欣赏教学中要有层次地选择合适的内容,有效地激发学生的欣赏兴趣,逐步提升学生的音乐欣赏审美能力。教小学低年级时,教师可选择《数鸭子》《采蘑菇》等歌曲作为学生的欣赏作品。这些作品整体简单、节奏活泼、曲调欢快,适合学生初级阶段的学习。随着学生欣赏水平的提高,教师可播放《每当我走过老师窗前》《校园多美丽》等歌曲,巩固学生的音乐知识。同时,现代信息技术的发展,为音乐课堂教学提供了技术支撑,教师应该将现代信息技术和教育内容深度融合,为学生创设真实生动的音乐场景,促进学生对音乐的理解、欣赏、学习和创造,从而有效提升学生的音乐素养。

五、小学音乐教学中的体态律动教学

在小学音乐教学过程中,体态律动有效的应用,有助于提高学生的

节奏感和感知力，对培养音乐素养有积极意义。因此在开展音乐教学过程中，需要注重音乐节奏的把握，提高学生的音乐鉴赏能力，使学生充分运用体态律动感受音乐的魅力。

（一）关注学生的兴趣变化

体态律动不同于舞蹈，更具有即兴的特点。小学音乐教师在教学中引导学生进行体态律动的时候，要时刻关注学生的兴趣变化，然后依据学生的表现来鼓励学生进行体态律动，提高学生的音乐理解水平，满足学生的不同需求，改善学生的音乐学习现状。在学习《我的祖家是歌乡》时，教师要想使学生了解高山族民歌，让学生将演唱与律动结合起来，使学生能够用欢快活泼的情绪来面对歌曲，丰富学生的审美情趣，在教学中可以结合学生的兴趣变化来引导学生。在向学生介绍高山族杵舞的时候，教师可以带领学生进行舂米劳动动作模拟活动，让学生感受舞蹈是如何从劳动中发展而来的。在带领学生学习歌曲的时候，教师可以将学生按照性别分为不同的演唱小组，鼓励学生融合不同的动作来丰富歌曲内容，一边的学生跺脚，另一边的学生拍肩。学生在协同配合中会感受到歌曲的魅力，产生进一步学习的动力。教师还可以组织学生边唱边跳，用身边的材料为歌曲进行伴奏，体现学生的体态律动，丰富学生的音乐课堂。

（二）重视节奏感的把握

节奏是学生学习音乐中能够强烈感受到的旋律律动。小学生在学习音乐的时候，结合节奏来进行体态律动，可以更好地把握音乐的节奏感，跟随音乐的内容进行体态律动，展现自己对音乐的喜爱之情，做到跟着节拍走的音乐学习效果。在学习《丰收之歌》时，教师要想让学生了解中国民歌的特点，培养学生热爱自然、创造幸福的优秀品质，让学生结合歌曲进行表演，把握歌曲的节奏感，在教学中可以借助信息技术来为学生播放《丰收之歌》，展示劳动人民丰收的场景，唤起学生的参与热情。然后，教师再利用乐器为歌曲伴奏，使学生能够仔细揣摩歌曲的节奏，了解如何正确地切分节奏。教师可以先组织学生借助拍手的方式来为歌曲伴奏，帮助学生熟悉歌曲的旋律。学生跟随节奏会了解歌曲的力度和速度，知道怎样灵活地表达歌曲的情绪。接着，教师可以让学生综合歌曲的曲式——三段式，进行 A+B+A 的节奏手势设计，展示 A 段旋律的欢快、跳跃、俏皮和生动，展示 B 段旋律的平缓、抒情、陶醉和喜爱。教师也可以边弹琴边组织学生配唱歌词，让学生了解反复记号、切分节奏等标志，熟悉歌曲的演唱，体会音乐体态律动的快乐。

（三）辅助学生鉴赏音乐

小学阶段学生的音乐鉴赏能力有限，因而需要音乐教师予以指导，不断提升学生的审美和鉴赏能力，使学生在了解歌曲体态律动的基础上，以肢体动作的形式感受音乐带来的美感。例如，在学习歌曲《捉泥鳅》过程中，教师首先需要对歌曲的欢快情节有充分的理解，再以此为基础感染学生，向学生展现美好的田园生活。教师可根据学生的自身特点进行小组的分类，让学生自行对音乐进行多角度的鉴赏，感受音乐中的欢快气氛，鼓励学生依据舞蹈动作不断丰富体态律动形式。当学生完成分组后，可通过选举组长的方式明确小组成员的分工，对歌曲的演唱方式、特点进行分析，对歌曲的情感进行深入发掘，并说一说童年都有哪些趣事至今难忘。当学生理解歌曲基本情感后，可以开展相应的体态律动，营造活泼的课堂氛围。

第三章

核心素养背景下的初中音乐教育

在核心素养背景下，初中音乐教育旨在培养学生全面发展。根据初中学生的生理和心理特点，制定适合的音乐教学内容与方法，鼓励学生掌握音乐基础知识与技能，培养其音乐欣赏能力。

第一节　初中音乐教育的特点和方法

一、初中音乐教育的特点

音乐教育有它自身的特点，主要表现在形象性和情感性两个方面。音乐美是通过形象形式表现出来的，与具体可感的形象保持紧密联系，而且音乐教育的过程是一种以情动情的过程，靠感情首先打开审美者心灵的大门。对学生来说，音乐教育的主要手段是根据音乐教材进行教学。初中音乐教材的内容大致分为唱歌、器乐、欣赏、基本乐理与视唱练耳五个方面。初中阶段是一个从童年期向青少年期过渡的时期，这一时期学生身心发展变化大、速度快，身体发展缺乏协调性，开始变声，但这一时期他们的音乐听觉能力较童年期有很大的提高，知觉的精确性和概括性以及记忆力都进一步增强。这一时期也是进行音乐教育比较困难的时期。在进行音乐教育过程中，应根据这一时期学生身心发展的特点，采取与之相应的方法，使该时期学生的音乐能力得到进一步的发展和深化。

（一）注意变声期的特点，采取综合课型

初中生正处于变声期，因此在教学内容、方法上都应考虑这个特殊因素。如果一堂音乐课绝大多数时间是歌唱教学，一首歌曲左一遍、右一遍地让学生单纯重复地演唱，对变声期学生是非常有害的，一方面使学生声带容易产生疲劳、出现充血现象，另一方面会使学生对唱歌课感到厌倦，课堂情绪低落。只有针对这一时期学生身心发展的特点来教学，才能收到良好的效果。初中阶段学生的音乐兴趣已逐渐由唱歌转向音乐欣赏，对唱歌的兴趣逐渐减弱，因此要把课型设计成内容丰富的综合课型。例如，以唱歌为主的综合课型，以欣赏为主的综合课型，以视唱

练耳、乐理、音乐常识为主的综合课型,以器乐教学为主的综合课型,等等。这些课型必须要在"综合"两字上下功夫,使课堂教学内容丰富、疏密相间、主次分明、重点突出,全面发展学生的音乐感受力,使音乐课堂变成五彩缤纷、生机勃勃的音乐世界。

（二）着重培养初中学生的音乐理解力、鉴赏力和广泛的音乐审美趣味

进入初中以后,学生的智力和抽象思维能力日益增强,音乐感受力进一步加深。因此,音乐教学应着重对学生进行音乐理解力与鉴赏力的培养。而且,初中生对知识的要求也提高了,无论在对音乐作品的理解程度、教学内容的深度广度以及对教师的教学方法方面,均有进一步的要求,因此对教师的要求就大大提高了。教师在教学中应采取启发式教学方法提高学生的思维能力。同时对教学内容的广度和深度要进行适当考虑。音乐教师还应充分运用课内外的音乐实践机会,扩大学生的音乐视野,让他们在音乐课外接触更多不同题材、形式、风格的作品,培养他们多种多样的音乐审美趣味。

（三）进一步培养初中生的音乐表现力和创造力

音乐表现力包括演唱演奏技巧、乐感、音乐想象和音乐创造才能等诸多方面内容,是运用各方面技能技巧有感情地再现音乐艺术作品的能力。培养青少年唱歌、器乐演奏的表现能力及对音乐的创作能力,是初中音乐教学的重要任务之一。初中阶段音乐教学要重视器乐表现力和音乐创作能力的训练,还应大力提倡音乐创作教学,让他们不仅学会理解美、鉴赏美、表现美,还会自己创造美,这对于塑造完美的审美心理结构有着重要的作用。

（四）对于学生喜爱通俗音乐的引导

青少年时期在生理上发生了急剧变化,在心理上仍处于半幼稚、半成熟的状态。这个时期个性心理特征已有明显表现,但尚不稳定。自我意识有了新的发展,也逐步学会评价别人和自己的个性品质。他们心怀

理想，向往美好未来，对理想人物有强烈的模仿倾向，但并不稳定。正是这些特点，促进了青少年生理机能和音乐心理的发展，激起他们对艺术世界探求的热忱。在这段时期内，他们对音乐的兴趣爱好一般表现为向往古典音乐，热衷于流行音乐。在对待这个问题上，单纯地“不许唱”，用强制手段来解决是很难奏效的，我们不妨有选择地让学生唱唱、听听，通过听与唱启发引导他们进行思考、比较、评价，让他们在比较中增强认识能力，提高鉴赏水平。只有这样，才能从不同音乐审美经验中形成正确的审美判断，培养广泛的音乐审美情趣。

二、音乐课程教学方法

现代音乐课的教学方法是我们认识音乐教学的一般规律和音乐审美的特殊性的结晶。音乐教学常用的教学方法有以下几种。

（一）讲授法

讲授法是指教师通过口头语言并结合板书向学生传授知识的一种教学方法，它包括讲述、讲解、讲读、讲演等形式。在音乐课程教学中运用较多的是讲述和讲解。讲述就是对某个人物、某件事情或某种事物进行叙述或描绘，如讲述音乐作品有关的音乐故事，介绍某位音乐家。讲解是指对某种概念、原理进行解释、论证，如讲解各种音符的名称和时值，讲解某个作品的曲式结构。

有许多音乐教师认为，讲授法是最简单的教学方法，能照本宣科地传递给学生固定的知识就可以了。这种认识对于讲授法来说是一个巨大的误解。其实讲授的过程并不只是一个老师对学生当面传授的过程，更包括了学生与老师的沟通和反馈。讲授是一个由浅入深、层次分明又重点突出的传授过程，非常考验老师的功力。另外，在运用讲授法的时候，教师也要多注意自己的语言，尽可能地生动、传神、简练、直接。当然，要做好这一点，教师本人首先要对自己的教学内容有深刻的理解，多下功夫去钻研。

（二）演示法

演示法是教师通过自己的翻唱或者演奏以及制作的课件，或者是运用先进的教学设备，直观地让学生获得音乐感性认知的一种教学方法。通过多年的教学经验发现，演示法至少需要注意以下三个方面的问题：

首先，演示法有利于加强师生之间的感性互动，甚至增强学生对教师本人的人格魅力的了解，增进师生之间的感情，让后期的教学活动评价方便、高效地进行。

其次，演示法最好不要单独使用，与讲授法、提问法以及讨论法结合，更能够加深学生对于问题的认识和理解。

最后，演示的时机要恰当，时间也不能太长，不能把老师的范唱搞成个人演唱会，否则效果将会大打折扣。

（三）发现法

发现法是指教师在教学之前，让学生自己去感知和体验音乐，独立思考，然后让学生将自己独特的认知表达出来，老师再根据学生的“发现”对其进行点拨。发现法有利于锻炼学生的独立感受和思考的能力。当然，教师在运用此种方法的时候要注意许多问题，一是要对学生的发现给予充分的尊重，不能让学生因为自己在音乐方面的稚嫩而感受到压力；二是在作品选择上要适合学生的学习能力和接受水平；三是发现法一般不鼓励单独使用，而是要与讨论法等相互配合。

（四）谈话法

谈话法顾名思义，就是通过学生与老师之间的交谈，通过相互问答的形式使学生学会运用知识的一种教学方法。

谈话法一般可分为启发式、问答式和指导式三种。启发式谈话主要用于启发学生感受、体验音乐作品，或启发学生理解、掌握新的知识和概念。问答式谈话主要用于复习已学过的音乐作品和音乐知识，以达到进一步加深理解和巩固知识的目的。指导式谈话主要用于组织学生进行实践活动，如提出要求、指出要点、总结评价等。

谈话法有利于老师了解学生的兴趣、调动学生的思维，促使其进行富有创造性的学习，并且能对教学的情况、学生个人在学习上的特殊问题进行及时有效的沟通。

（五）讨论法

讨论法是指发生在学生之间的一种教学方法，具体步骤是先由老师根据教学的需要拟定好需要讨论的题目，然后让学生各自思考和领悟，最后再将学生组织在一起相互学习、相互交流、畅所欲言。

讨论法是现代音乐教育方法，充分体现了其开放性的特征，有利于发挥学生的创造性，能够培养学生的口头表达能力。教师在组织学生运用讨论法的时候，要注意用民主、平等的态度，并在合适的时机进行讲解，引导学生谈话的正确方向，对于积极、大胆发言的同学要进行鼓励，允许学生畅快地说出不同的意见。

以上就是比较常见的几种音乐教学方法，在运用这些方法的时候，教师要注意根据学生的具体情况和实际教学进度进行安排。

第二节　初中音乐教育在素质教育中的地位和作用

人的素质教育是一种全方位、多侧面的教育，它是社会、学校、家庭三者有机配合的立体式教育网络。就目前我国现状来看，知识教育、技能教育、应试教育占优势，而人格、精神、道德、文化、科学、健康、职业、审美教育都容易被忽视；学校教育占优势，社会教育、家庭教育严重不足。这些问题存在的根本原因一是观念，二是机制。中国封建社会的“科举教育”传统观念尚存，基础教育、专业教育偏重考试科目，看重分数高低，忽视受教育者素质的全面提高。

人的素质教育是终身教育，大致分为三个不同阶段：婴幼儿阶段、青少年阶段、成年人阶段。从人的一生来看，婴幼儿阶段、青少年阶段虽然只占据人生的三分之一或四分之一，但它是最早期、最基础、最重要的阶段。郭沫若曾说过：“人的根本改造应当从儿童的感情教育、美的教育入手。”在人生早期实施以审美为核心的音乐素质的培养教育，符合人的自身成长发展和自然社会发展客观规律的要求。李岚清同志在给全国省市教委主任美育学习班的贺信中说:“美育是贯彻德智体等全面发展教育方针的重要内容。”“为了贯彻落实《中国教育改革与发展纲要》,全面贯彻教育、培养面向二十一世纪全面发展的优秀人才,必须重视和加强学校美育与艺术教育,将艺术教育作为由应试教育向素质教育转轨的重要途径之一。”

音乐教育是进行美育的重要途径。古今中外都非常重视早期音乐教育。因为音乐教育对人整体心理的发展起着重要的作用。不同的音乐产生不同的心理,作用于人整体心理结构中不同的情感层次。在以培养人为根本目的的音乐教育中,培养人的主体意识和审美情感,激发人自觉的参与意识与创造意识,密切结合高尚情操的教育,全面发展人的精神品格,让人心理结构中的知、意、情得到高度统一,教育中的德、智、体、美、劳得到全面发展,是基本的施教策略。青少年正处于身心迅速发展的成长时期,这一时期的音乐教育具有极为重要的意义。将音乐教育与良好的德育结合起来,通过音乐强烈的情绪感染力,对青少年进行无意识的感化作用,可以美化和净化他们的心灵;通过音乐进行思想品德教育,可以细致、亲切,寓教于乐,潜移默化地产生作用;音乐教学与情感体验相结合,对于塑造青少年的精神气质、个性特征、品格有着不可替代的作用;音乐教学还可以激发学生的创造意识和创造行为。

综上所述,初中音乐教学是音乐教育的重要阶段,音乐教育是审美教育的最重要途径之一,它最接近人的情感世界,审美教育又是人的素质教育关键所在,它担负着人生早期的素质培养任务。

第三节　初中音乐教学设计的指导思想及遵循的原则

音乐文化素质教育的主要手段是通过音乐教材教学,将教材内容与学生衔接起来的是每一堂音乐课。音乐课的教学设计是非常重要的备课环节,它不但关系到每一堂课的成败,而且关系到整个教学工作的系统性、完整性和连续性。教学设计既是教学工作的起始环节,也是教学全过程的基础。重视教学设计是上好课的前提,也是提高教师业务水平的重要途径。要上好一堂音乐课，首先应对课堂教学结构进行精心的设计与合理的布局，必须了解音乐课的类型与课堂结构，然后在分析研究教材的基础上，确定教学内容，明确教学目标，选择教学方法，筹划教学步骤，安排教学时间。一个高质量的教学设计，必须刻苦钻研教材，从多方面采用多种多样的方法了解学生，在此基础上再设计教学，安排结构，不放过每一个细节。

在初中音乐教学设计的编写过程中，我们一致遵循这样的指导思想和原则：适应深入开展素质教育新形势的需要，面向广大初中音乐教师，帮助提高其教学业务水平；讲求实用、密切联系初中音乐教学实际，从基本教材着手，从教师的需要出发，实实在在，做到真正对教师有用、有帮助，操作性强；具有先进性和指导性，致力体现先进的教育思想，吸取先进的教学经验，努力做到优化和创新。

第四节　初中音乐教学设计的知识体系和能力体系的构建

一、初中生心理特点与音乐学习心理特点

（一）初中生心理特点

身体和心理的成长让初中阶段的学生出现了多方面、复杂的心理特点。儿童向青少年过渡稚气未脱，但有意识地模仿成人，既想独立又存在一定的依赖性，对自己的行为控制有理性也有冲动，于是表现出来的就是幼稚与成熟参半、依赖与独立交织、冲动与自觉交错的矛盾心理。

好的方面在于，学生已经能够相对稳定地管控自己的注意力，而且注意的范围和深度也在扩展；会有意识地、主动地记忆一些事情；逐渐用抽象思维对事物进行思考和判断；自主性和自觉性提高，能有效地管理自己的学习行为。

过渡时期带来的尴尬对初中生造成不好的影响。情绪上外露与内隐并存，具有明显的双重性，因此情绪极易发生波动；个性初露锋芒，稳定性欠佳，容易被环境、情绪等因素影响；强调个人存在感，有虚荣、炫耀等不好的心理。

（二）初中生学习音乐的心理特点

相比小学阶段而言，初中生的各方面音乐能力都得到了发展和进步。首先，他们的音乐认知有所提升，这是由文化知识水平决定的，初中生更应加强音乐理论知识的学习，如基础乐理、视唱练耳、和声等；其次，听觉愈发灵敏，有些甚至能超过成人，这表明其音乐的感知觉也提高许多；再次，他们对音乐的审美态度逐渐成熟，不但通过旋律、音响等感知觉去评判，还会对音乐进行更深层次的分析，如从作品的创作背景、作家、音乐表现等入手，结合自我感受、对音乐的理解等进一步理性地评判音乐的美感；最后，个性化需求使初中生在音乐作品的选择上更加偏向自我喜好，也更加多元化，既可以是抒情优美、通俗有趣的，也可以是富含哲理的。整体看来，初中生的综合音乐能力有明显提升。

同时，初中生在音乐审美上也有不好的一面，即对流行、通俗歌曲的过分热爱甚至痴迷。造成该现象的因素有很多，包括学生的生理急剧变化、异性情感的萌发、社会环境、学校教育等。从大环境来说，商场、广场、餐厅的音响，以及电视、电脑等媒体无时无刻不在播放着流行音乐，这些宣传媒体为流行音乐的传播提供了广泛的平台。再者，流行音乐的审美相对浅显，容易被学生接受，而且歌词能够表达出学生不能言说的隐晦的情感，成为他们宣泄的工具或出口。最后，学校的音乐教育不可能做到全面地满足学生，因此，初中生便会转向学校音乐教育以外的内容。偏爱流行音乐的后果就是审美单一化，学生也不愿意花费更多精力了解更深层次的音乐美感，而且一些庸俗、低劣的音乐可能会对学生产生极其恶劣的影响，不利于他们形成正确的世界观、价值观。

二、初中音乐教学设计的知识体系构建

教学大纲指出，中学生的音乐教学要做到：提高学生对音乐学习的兴趣和音乐审美能力；培养学生能充满感情地歌唱，并具备音乐感受能

力、音乐表现能力和音乐鉴赏能力；通过音乐陶冶学生的道德情操，在音乐教育中潜移默化地影响学生的思想。为此，音乐教学设计应注重构建知识体系。

（一）丰富的综合文化知识

音乐学科是在跨学科的基础上发展形成的，很自然地就与社会科学、人文科学、自然科学等学科联系到了一起。有人说，学校教育好比一盘磨：上磨是科学，底磨是人文，磨心是哲学。音乐课不是一门单一的课程，而是一门综合的学科。音乐教师不应把自己禁锢在学科壁垒之中，而应广泛涉猎历史、地理、美术、哲学、社会、宗教等知识，只有具备丰富的文化知识，才能真实、生动地勾画音乐课堂内容背景，把音乐课上得形象、透彻、生动，从而有效引导学生对音乐作品进行全面、深入的学习。

（二）专业的音乐知识

1. 歌唱教学

从音乐教学的阶段任务来讲，如果说小学歌唱教学以会唱为目标，那么中学时期就要在歌唱中加入表情，要有感情地唱，主动与艺术形象产生共鸣，受其感染。在具体教学中，要注意歌唱技巧的掌握，以及技巧与感情的结合。尤其是初中生处于变声阶段，要教给他们保护嗓音和转换声音的办法，让学生学会自我调节，可以尝试用合唱、齐唱的方式训练。

2. 音乐知识与音乐技能训练

音乐知识就是指基本的乐理知识，音乐技能则包括视唱练耳、器乐技能。通过两方面的训练能够培养学生的理论和实践能力，从而能更好地感受音乐、理解音乐和表现音乐。

（1）基本乐理

需要掌握音乐表情符号、大小音程、主属和弦、西方调式和民族传统调式等，并学会运用。

（2）视唱练耳

培养学生看谱、识谱并边看边唱的能力，通过听唱、听辨、听记等教学方式培养音乐听觉。

（3）器乐

教授学生一些简单的乐器知识，如乐器构造、发音原理、常用音域、风格特点等。让学生掌握一到两种乐器的基本演奏方法与技能。结合乐理知识、识谱能力巩固所学知识。

3. 音乐创作教学

音乐教育中音乐创作教育的重要性可以从以下两个方面来理解。

（1）音乐创作教学是培养创意才能的方法之一

如何用创造精神和开拓精神培养创新人才是非常重要的课题。培养志向远大、思维敏捷顺畅、充满想象力和独创性的新一代人才是时代赋予我们的使命。音乐教育在培养和发展人们的创造性方面具有重要的价值，特别是音乐创作教学具有刺激和培养学生创造性的功能。音乐活动使人充满热情和幻想，音乐创作的教学以美妙的音乐为手段，促进学生探索和创造更好的领域。正是因为音乐创作教育具有培养创造性的效果，所以世界上很多国家都很重视音乐教育中的创作教育。

（2）音乐创作教学促进学生音乐素质的全面提高

音乐创作的教学过程可以激发学生对音乐的强烈兴趣和他们学习音乐的热情，使他们进行音乐表现，学习音乐技能与知识，感受音乐的美。

4. 音乐欣赏教学

中学生的音乐审美态度已经基本成型，审美能力也有所提升，因此，音乐欣赏教学在中学音乐课程中的占比相对较大。而且在课程设置上，除课内音乐教学外还包括课外音乐活动。

音乐欣赏教学能帮助学生发展形象思维能力和智力，扩大其音乐视野，还能让学生形象地了解音乐表现形式、音乐体裁等，是学习音乐最好的入门途径。

在中学生的音乐欣赏教学过程中要注意其生理和心理方面的问题。

生理上，学生开始进入青春期，发声器官向完全成熟过渡时会出现较为尴尬的“变声期”。变声之初仍是童声，大约在初一、初二阶段；到中期时，童声逐渐减少，出现胸声；后期音域向低、宽发展。也就是说整个变声期需要经历音域从窄到宽、嗓音变为胸音的过程。那么这一阶段要保护好学生的嗓子，减少“唱”的部分，适当地增加音乐欣赏教学。

心理上，中学生的认知和理解能力走向成熟，知识的积累也达到了一定水平，并且会用逻辑思维推理事物的本质，有处理复杂问题的能力。他们乐于接受音乐理论知识，并将这些知识应用在音乐欣赏中。因此，中学音乐欣赏可以增加一些情节复杂、含有哲理性的音乐。但同时也要考虑到音乐能力发展的差异性，适时地调整课程内容的设置。

三、初中音乐教学设计的能力体系构建

（一）培养和发展乐感和表现力

音乐的感受能力和表现力有着密不可分的关系。除了特定的音乐知觉、记忆和想象力之外，音乐的表现能力还需要特定的技术和技巧。学习音乐，首先最重要的是乐感，乐感是音乐表现的基础。因此，培养“有音乐的耳朵”，开发感知音乐的音高、强度、音色、节奏、旋律、和声、速度、力度、调式的能力是非常重要的。培养和发展这种音乐知觉能力的基本方法是参加音乐实践活动。其中最频繁的音乐实践活动是欣赏音乐。

在音乐教育中，鉴赏教育能有效地发展学生的音乐兴趣和记忆。欣赏的时候需要集中注意力。如果不这样做，就很难对短暂的音乐留下印象。欣赏音乐应该把音乐的主题和它的变化铭刻于心，无论经过多长时间，美妙的音乐总是会留在记忆中。

在音乐教育中，通过欣赏描述性音乐或情节性音乐所引起的对相关生活形象和艺术境界的联系，被称为“音乐联想”。对非描述性或非情节性音乐的感知，体验其情感而引发的自由想象力，被称为“音乐想象”。鉴赏教育是在欣赏音乐之美的同时，充分发挥学生的想象力，培养和发展学生丰富的想象力。培养音乐想象力是发挥学生创造性的有力手段。

（二）培养正确的审美观念和健康的审美意识

音乐具有国家、时代、阶级的特征。人们的审美观念和喜好与人对人生、价值观和伦理的看法密切相关。鉴赏教育为学生美学实践提供了重要的机会。鉴赏教育可以培养学生追求真、善与美，抵制恶、伪与丑的思想情感，提高他们在音乐艺术领域和人生中区分优雅和低俗、美与丑的能力。

初中生的审美需求很高，但区分善恶的能力不足。如果无视音乐鉴赏的教导，社会上不健康的音乐文化就会影响初中生。在闲暇时间，欣赏音乐是对人们精神的一种调节。欣赏音乐可以丰富和活跃人们的想象力，对学生的身心健康发展十分有益。

（三）培养和发展学生对音乐的兴趣

兴趣是一种积极探索某件事、进行特定活动的心理倾向。这种方向性的倾向能够吸引人们持久而稳定的关注，使人们获得愉快的情感体验，并在一定程度上获得精神上的满足。对音乐的兴趣是人们踏入音乐和艺术宫殿的跳板。J.L. 穆塞尔与 M. 格连在《学校音乐教学心理学》一书中指出："音乐，只要有一定的听力，每个人都可以鉴赏音乐，享受音乐的美。"随着设备和技术的发展，人们可以通过广播、电视、电影、录像等广泛地接触古代和现代中国以及国外各种大、中、小型音乐作品。只要主题和风格安排得当，可以欣赏的音乐作品是非常广泛的。

初中生一般都有审美的需求，特别是对各种各样的音乐。对音乐的兴趣和爱好可以说是年轻人学习音乐的一种重要前提条件。音乐鉴赏教育是培养和发展初中生对音乐的兴趣和爱好的重要方法。音乐鉴赏教育不仅是享受美，也是学习音乐。当然，这也是接受思想、道德、情感教育的过程。

（四）培养学生对民族音乐的热爱

音乐鉴赏教育中所选择的曲目题材广、体裁多，通过音乐鉴赏学习，可以学习政治、经济、历史、地理、自然知识等各种形式的音乐。通过对这些内容的学习，学生可以开阔视野，启迪智慧，增长见识。

同时，音乐鉴赏中包含的民族音乐部分，可以让学生了解我国优秀的文化瑰宝，培养民族自信心和自豪感，同时也加深了他们对本国本土音乐文化的了解，增强他们传承、促进和发展本国文化的责任感。

第四章

核心素养背景下的高中音乐教育

音乐教学是培育学生音乐学科核心素养的中心环节，教师应以立德树人为根本任务，以社会主义核心价值观为引领，以音乐教学为抓手，以“审美感知、艺术表现、文化理解”为核心，弘扬中华美育精神，以音育人、以音化人、以音培人，通过运用科学教育理念和教学手段，培育和增强学生的音乐核心素养。

第一节　高中必修模块音乐鉴赏教学设计

一、注重感性体验，强化理性思考

（一）从感性体验到理性领悟

高中音乐鉴赏不是义务教育阶段以体验为主的教学，它有别于普通民众的听赏，而是运用科学的方法，引导学生在感性体验的基础上对音乐进行理性的思考与探究。对音乐的感性体验是由音乐本体的特点决定的，音乐的非语义性、表情性、传情性特征使音乐成为一门情感艺术，因此对音乐的聆听、感知表现就是一种感性的体验。音乐鉴赏课的设计应紧紧围绕音乐本体的特点，这是进行音乐鉴赏的基础，这样才能有效、真实地感受音乐，进行音乐学习。通过对音乐作品的感性体验后，再用音乐语言来欣赏和“鉴定”音乐的内容与体裁、形式与风格等，并且可以把这种鉴赏上升到美学、艺术史学、文化学、人类学和心理学的理论层面，以此来使学生的音乐审美能力、评价判断能力及音乐文化素养不断得到提升，使学生对音乐的鉴赏水平能够上升到理性的高度。

教师在进行教学设计时，应在关注学生音乐理论知识的基础上兼顾音乐审美判断能力，鼓励学生主动探究并有独立的见解，使学生在音乐感性体验的基础上把对音乐的理解深化到对历史、美学等知识的理性分析上。如湖南文艺出版社出版的《音乐鉴赏》第二单元“音乐的美”，在把美概括为“优美、崇高、悲剧、喜剧”的基础上，将音乐的美分为“优美与壮美、崇高美与欢乐美、悲剧美与喜剧美”等六个基本范畴，在进行具体的教学设计时，可将三对“美”进行相应的对照、比较，便于学生理解不同美的内涵，使学生在感性聆听、体验的基础上对“美”进行深层次分析，进行理性的感知。

（二）创设探究互动的生成环节

探究互动的生成环节是连接音乐感性体验和理性探讨的桥梁，是连接音乐本体与音乐文化的桥梁，通过这个环节可以使学生从更深层的角度去鉴赏音乐、分析音乐。在进行教学设计时要有意识地培养学生主动探究的思维和习惯，让学生明白音乐不仅是一种简单的声音表现形式，更是一种文化现象，它蕴含着丰富的文化和历史内涵，它承载着与之相关的历史、地理、政治、经济、风俗等内容，透过音乐我们可以看到社会的进步、历史的发展，即音乐背后所蕴含的内容。如人民音乐出版社出版的《音乐鉴赏》第二单元"腔调情韵——多彩的民歌"这一单元，就包含了西北、中原和南方的民歌，就可以设置探究环节，引导学生从音乐的文化背景，如地域、文化、历史等角度来探讨不同地区的民歌特点，慢慢地从中总结出民歌与地域、文化、历史的关系。如第二单元第二节"高亢的西北腔"，可以以拓展和探究的第五题为主题，设置对民歌歌词的探究活动。第五题是摘录了《诗经》中的一首名为《硕鼠》的民歌，来分析歌词与今天的民歌歌词在创作上有何相同之处。可以通过以下环节进行探究：（1）引导学生用语文课上学到的知识和修辞方式分析《硕鼠》。（学生可能很难把《诗经》的内容与音乐联系起来，这就需要对《诗经》的文化背景和发展形成进行简单的讲解）；（2）采用同样的方式分析歌词；（3）分析两者的相同点，并尝试进行简单的创作。

（三）发展学生的音乐评价能力

音乐评价是提高学生音乐能力的重要组成部分。高中生具有很强的抽象逻辑思维能力，可以从沟通和发展的角度分析问题，此外，他们还具有很强的总结能力，这也为音乐评价奠定了基础。除了感觉、识别和评价音乐元素，更重要的是分析音乐元素背后的文化背景，以分析和评价与音乐相关的艺术、历史、地理等，进而提高感受和判断音乐的能力，促进音乐教育的发展。

如湖南文艺出版社出版的《音乐鉴赏》教材中第三单元第一节"五十六朵芬芳的花"，可以设计"音乐风格与民族关系"的评价探究活动，在学生对六个少数民族音乐风格和特点了解的基础上，让他们通过聆听说出六首作品所属的民族，并说出判断的依据和缘由，而对依据和缘由的论述可从两方面进行设计和引导，首先可从音乐本体进行论述，民族风格特点是建立在音阶、调式、旋律、节奏、曲式、伴奏乐器、演唱形式等表现要素上的，如蒙古族长调旋律舒展悠扬，节奏自由，短调结构规整，节奏整齐，字多腔少；朝鲜族独特的伴奏乐器伽仰琴；苗族飞歌音调高亢，曲式短小，节奏自由等。在对音乐本体的特点进行探讨之后，再进行深层次的探究，从风格特点的形成原因来探讨。音乐的表现要素与本民族的语言文化、地理环境、风俗习惯、历史发展、宗教信仰等因素密切相关，如蒙古族悠扬的长调与草原、苗族的飞歌与风俗等，通过探讨，不仅使学生更加清晰地了解音乐的风格特点，也形成了对音乐的分析评价能力。

二、拓展教材广度，挖掘教材深度

（一）内容的广泛性赋予设计的灵活性

高中音乐鉴赏模块教学设计要合理把握高中教学内容的广度，使教学设计更具灵活性。

第一，多样的风格流派使教学内容设计具有广泛性。如人民音乐出版社出版的《音乐鉴赏》第二单元“腔调情韵——多彩的民歌”所涉及的民歌基本上包括了中国东西南北地区的代表作品，西部新疆、内蒙古的民歌；西北山西、陕西、青海的民歌；中部河南、河北的民歌；南部云南、浙江、湖北的民歌。

第二，多种形式的音乐感知使教学方式和手段设计呈现出多样性。

第三，音乐与其他艺术的结合使教学设计关注音乐之外的内容。如音乐与戏曲、音乐与舞蹈、音乐与影视等，都是音乐与其他艺术的综合。如第四单元第八节“京剧大师梅兰芳”是对京剧及京剧表演艺术家梅兰芳的学习，京剧是集音乐、文学、戏剧、舞蹈、服装、美术于一体的综合艺术，在教学设计时除了对京剧选段的聆听、学唱和表现外，更多地还应关注京剧的发展历史、脸谱、服装、道具、伴奏乐器以及它们与音乐和音乐表现之间的关系。

同时，感受与鉴赏是音乐学习活动的基础，是培养音乐审美能力的有效途径。感受与鉴赏领域的学习，是学生更快、更有效地了解音乐领域的相关知识与技能、文化与背景等内容的一个有效途径，是积累鉴赏音乐的经验和方法的有效方式。因此对音乐鉴赏领域的设计应关注教学知识点的广度，让学生通过音乐鉴赏尽可能多地了解和掌握更多的音乐知识和信息，掌握鉴赏音乐的方法，为学生可持续学习音乐、享受音乐提供基础。

（二）音乐本体知识广度和深度增加

高中鉴赏教材拓展和加深了音乐的基本知识与技能，是为了能让学生多方位、多层面地欣赏和评价音乐，鼓励学生主动探究并形成独立的见解，认识到音乐与生活的关系及学习音乐的重要意义，如增加了中西音乐简史、中外通俗音乐、计算机音乐、标题音乐、非标题音乐等音乐文化知识和音乐美学常识，体现了高中鉴赏音乐本体知识广度和深度的增加。所以，“音乐鉴赏”是义务教育阶段“感受与鉴赏”领域的再度发展和提升。人民音乐出版社出版的《音乐鉴赏》的教学内容分为十个专题：专题一，音乐表现要素；专题二，音乐体裁与形式；专题三，音乐风格与流派；专题四，中国民族民间音乐；专题五，外国民族民间音乐；专题六，中国近现代音乐；专题七，西方音乐；专题八，中外通俗音乐；专题九，计算机音乐；专题十，音乐与姊妹艺术及相关学科。

因此在教学设计时，可以从某一个专题出发进行，如人民音乐出版社出版的《音乐鉴赏》专门设计“知识”板块，对代表性的音乐作品、音乐家、乐器、音乐文化有详细的介绍，为学生感受、体验、鉴赏音乐提供理论学习指导，为学生深入学习音乐提供支持。如湖南文艺出版社出版的《音乐鉴赏》第五单元“音乐与体裁”第一节“音乐与诗歌的交融”，是对歌曲体裁的了解，在学生在初中阶段已经对抒情歌曲、叙事歌曲、讽刺歌曲进行学习的基础上，学习群众歌曲和艺术歌曲，在学习齐唱、合唱、重唱等演唱形式的基础上学习大型声乐作品，在内容的深度上进行了拓展，在设计时可以根据学生已有的基础，合理地向更深的音乐体裁、音乐表现形式等方面进行过渡和学习。

（三）学生的信息知识储备量增加

在进行教学设计时，对教学内容深度和广度的拓展除了教材内容的因素之外,更重要的是从学生知识储备量的角度进行考虑。首先,以网络为主的各种媒介使学生获取信息的渠道拓宽,也增强了学生获取信息的时效性和便捷性(如可以通过网络获得关于某一内容的深入了解已是一件容易的事),学生的信息拥有量也就随之增加,在教学设计时要考虑教学内容的经纬度是为了满足学生的需要。其次,其他科目知识内容的积累。学生通过小学、初中阶段对人文、历史、数理等科目的学习与积累,到高中时已经拥有和掌握了较深厚的文化基础,具备了对知识点和问题进行深入探讨的能力和水平。如学习人民音乐出版社出版的《音乐鉴赏》教材第十二单元第二十二节“勋伯格”时,可以通过对音乐元素的分析来总结音乐风格特征,并通过对音乐时代背景的分析来说明产生这种音乐的原因。如通过对勋伯格《五首管弦乐》作品的欣赏,并与以往学过的音乐作品进行对比,从中学习调性音乐与无调性音乐、十二音音乐等,进而总结现代主义音乐的特征,如表现苦闷、孤独、绝望的情绪等,并让学生在了解的基础上联系当时的社会背景分析其产生的原因,可从历史、经济、美术等方面来分析,如20世纪的世界大战、经济危机引发了社会问题和个人的心理问题,越来越多的作家开始追求新颖的、有别于传统的表现手法和主题。

三、充分进行策略预设,灵活把握生成

(一)设计是静态的,实施是动态的

课程设计的目的不是满足教育目标和教学任务,而是让学生成长和发展。教学理念的目的是教师可以依靠教学步骤来充分理解教学内容以及教学方法的预测和安排。然而,我们最初的教学理念是以固定文本的形式实施的,即通过课程内容,教师在分析自己的教学经验、教学目标和困难以及教学方法的基础上达到学习和教学水平。由于课堂中的一些问题可能难以考虑到,因此在实际改变后,在具体教学中可采用固定的文本和参考基础。

课堂实施中的生成性主要表现在:

第一,学生要主动改变自己的想法。只有教师才能根据现状在上述分析中分析学生的期望,但学生的思维在不断变化。学生有十多年的生

活经验,形成了自己的文化背景和认知、结构和思维习惯行为。教师设置的问题分析方式和教学手段未必能够适合学生的认知思维方式。

第二,教育主体之间的互动也是促进一代人教育的有利环境。在具体的教学过程中,由于音乐教学方法的多样性,同时,在教学和学习的过程中,教师和学生、学生与学生在相互讨论中不断产生新的知识和话题,这些知识和话题会影响教学过程的设计。因此,教师可以根据课堂的实际情况即兴设计课程,并将课程设计过程作为双向交流教学过程的动态过程来实施。

以上就是为什么我们在设计文本教学时需要开放思考。当课程内容确定后,我们需要从学生的角度进行思考,并进行许多假设。例如,任何类型的教学方法、任何形式的组织和任何类型的教育活动都不是静态的,而是灵活多变的。同时,在教学过程中,要关注课堂的实际情况,关注变化的动态因素,在教学中更多地关注学生的"学习履历"。

(二)抓住生成,随机应变

课程设计的目标是"找到解决问题的最佳方法",使课程更加有效,教学过程更加理性和结构化,学生可以通过学习更好地感受、体验和理解音乐。音乐开发学生潜力,培养学生感受,塑造学生个性,促进学生整体发展。因此,教育设计中应该有设计和准备。教育设计是一个持续的探索过程,是一个"设计与实践,反复设计与实践"的过程。各位老师应不断完善教学理念,改进教学过程。因此,我们应该以正确的方式处理这个问题,并在教学中利用知识更好地为课堂服务。不要忽视教学中的问题,以实现教育目标。

四、教学目标的设计

音乐教育目标是音乐教育活动的预期结果或标准,是音乐教育的精神和方向,是课堂评价的基础。教学目标是否合理会影响音乐教学的整个过程。

（一）关注情感态度和价值观的目标设计

情感态度和价值观的目标是培养学生丰富的情感技能体验，提高文化素养，培养高尚的情操，并树立正确的价值观和对生活的态度。随着社交信息和智力的快速发展，人们的生活节奏不断加快，面临的压力也在逐渐增加。作为一门富有激情的艺术，音乐主要对学生的情感道德进行教育。同时，音乐是一种情感艺术，它给学生提供比其他学科更多的情感体验。在设计音乐教育目标时，还必须关注学生的情感、态度和价值观。

音乐的基本要素包括节奏、旋律、力量、速度、风格等。这是学生必须理解和掌握的基本知识，是分析中的基本词汇。应让学生重点关注这些基本的形式元素，以培训学生的音乐基础知识。

（二）关注学生音乐体验与过程的目标设计

帮助学生掌握基本的音乐鉴赏方法、基本的音乐感受能力和鉴赏能力，可以为他们以后可持续地学习音乐、享受音乐打下基础。“授人以鱼，不如授人以渔”，“学会”音乐，不如“会学”音乐。音乐教学目标的设计要重视学习的过程和方法，要关注学生的学习经历和学习体验，关注学生学会学习的过程。

第一，教学目标要重视体验。体验是指由身体性活动与直接经验而产生的情感和意识。对音乐的体验就是亲自感悟、参与和表现音乐的过程。在体验中，学生通过自己的大脑来思考、通过自己的耳朵来聆听、通过自己的肢体来表现，学生获得的是对音乐的直接感知和经验，获得的是对音乐的感受和理解。这种体验是别人无法代替的。

第五届全国中小学音乐现场课《音乐作品的民族风格——彝族和藏族》的教学目标：（1）通过对彝族、藏族风俗歌曲《酒歌》的听赏、学唱、学跳活动，让学生了解感受不同民族的音乐特色和音乐风貌。（2）在听赏、学唱、学跳的过程中，引导学生具体感受节奏、曲调、曲式、情绪等体现歌曲特色的重要因素，使其更好地把握歌曲的民族风格。（3）通过不同的音乐表达方式，开阔学生的视野，激发学生喜欢民族音乐的热情。以上案例是把学生对音乐的体验作为教学目标，使学生在体验中学习音乐、领悟音乐。

第二，强调对比的鉴赏方式。通过对不同音乐体裁形式、风格、表现手法和人文背景的音乐作品进行比较分析，增强学生对音乐的感受、理解和评价。这是音乐鉴赏中最常用的教学方式之一，这也可以作为教学目标设计的参考方式。

第三，关注探究。探究是指教师不将现成结论告诉学生，而由学生自己在教师指导下主动地收集资料、调查研究、分析交流、发现与探索问题并获得结论的过程。高中生已具备了进行探究的能力，通过研究，可以培养学生的问题意识和辨析能力，培养学生发现问题、分析问题和解决问题的能力。例如，人民音乐出版社出版的《音乐鉴赏》第十三单元第二十三节“爵士乐”的教学目标可以设计为：(1)通过展示学生们搜集到的爵士乐音乐、文字资料以及对《南部之子》《不知为何》两首爵士乐的欣赏，来探讨爵士乐的风格特征。(2)在对爵士乐有一定认识的基础上，探索爵士乐对当代音乐文化的影响。爵士乐是深受高中生喜欢的音乐之一，让他们在自己感兴趣的领域进行探讨，他们会有话可说、有事可做。同时爵士乐的大众性、通俗性也使学生更能联系实际进行文化分析。通过这种探讨，学生在学习爵士乐时就不是单单地从音乐的表面进行鉴赏，会考虑到作品的文化影响和特点，这会加深学生对爵士乐的了解和深层的学习。

第四，提倡合作。合作是指学生在小组或团队中为了完成共同的任务，有明确的责任分工的互助性学习，是在音乐教学中常采用的有效教学方式之一。合作学习有利于学生养成共同参与的群体意识、相互尊重的合作精神和相互配合的团队能力。音乐在很多情况下是群体性的活动，音乐教学本来就是师生、生生相互交流合作的过程。也可根据需要把合作作为教学目标的内容之一。例如，湖南文艺出版社出版的《音乐鉴赏》第二单元“音乐的悲剧美”的教学目标可以设计为：(1)能与同学一起对具有悲剧美的音乐作品的音乐语言进行探讨、分析，积极参加有关悲剧美的音乐作品的现实意义的讨论。(2)文学戏曲的悲剧美主要是在情节的冲突中表现的，而音乐是通过旋律、情绪、音色等音乐要素的对比来展示的，通过如泣如诉的旋律、刚烈悲壮的情绪、浑厚深沉的音色来激起人们心中那份最低沉、最动人、最感人的情感，使人们在痛苦、悲哀、伤感的体验中感受音乐的悲剧美。

（三）关注音乐知识与技能目标的设计

通过欣赏使学生了解音乐表现要素、音乐情绪与情感、音乐题材与形式、音乐风格与流派等音乐鉴赏的基本知识，为学生积累欣赏经验和方法。音乐鉴赏模块作为高中音乐的必修模块，体现了它在音乐学习中的基础地位。教学目标的设计要关注对不同题材、风格、流派的音乐感受和鉴赏，以此来培养学生基本的音乐审美能力和鉴赏能力。

第一，音乐题材与形式。在教学目标中关注音乐的题材与形式也是为了提高学生的音乐鉴赏能力，使学生掌握不同类型的音乐的分析方法。例如，人民音乐出版社《音乐鉴赏》第八单元第十五节“贝多芬”的教学目标可以设计为：（1）聆听《第 23 钢琴奏鸣曲》第三乐章和《第九交响曲》第四乐章，感受体验音乐情绪和风格特征。（2）通过鉴赏，初步了解奏鸣曲和奏鸣曲式的基础知识，加深对音乐作品的认识和了解。（3）通过对贝多芬人物特点的探讨，感受古典音乐的不朽魅力。

第二，音乐风格与流派。教学目标中对音乐风格与流派的了解和分析，是为了使学生能够从宏观的角度来鉴赏音乐，以把握作品的整体特征。

（四）音乐教学目标设计应注意的问题

第一，教学目标过大、过空。教学目标要清晰、明确、切实可行。例如，“通过学唱歌曲《祖国颂》，培养学生的爱国主义精神”，“通过学习非洲音乐，树立对其他民族的热爱之情”，“通过实践活动培养学生的创新精神和实践能力”。这样的目标过大，一节课怎能培养学生的爱国之情？怎能培养学生对其他民族音乐的热爱之情？通过一节课的学习，能够激发学生的爱国意识，使学生能对某一民族的音乐有尊重的态度、产生学习兴趣，就达到了教学效果。

第二，教学目标不必面面俱到。音乐课程的三维目标只是为教学目标的设计提供参考，不是每一节课的教学都要均衡地体现三个维度的内容，而是要根据具体的教学内容有侧重地进行设计。

五、教学重、难点的设计

教学的重点分别是课程体系中的基本知识和技能。定义音乐的某些类型和风格，以及音乐中的历史事件，并了解相应的历史人物。关键设计的选择非常重要。理解教学重点并在已掌握的知识的基础上，建立知识体系。

分析和设计难点也很重要，这是选择教学方法和手段的主要依据。它们两者是有区别的，重点相对稳定，而难点是处于变化之中的。但有时却是重合的，重点即难点，两者可以合二为一。

教学重点主要是从学科知识体系出发进行考虑，一般来说，高中音乐鉴赏教学的教学重点主要是指学科教学的核心内容，是对《新课标》理念的具体体现，它在整个音乐学科的学习中有重要的地位和作用，是完成教学目标、实施教学实践的主要内容，是学生进一步学习音乐的基础，是对学生的音乐学习有重要影响意义的技能和方法，也是学生必须掌握的基础知识与技能，是一节课的教学主线，贯穿教学活动、教学环节的始终。例如，人民音乐出版社出版的《音乐鉴赏》第十五单元第二十六节《沈心工与李叔同》一课的教学重点是："学堂乐歌的创作特点"，这节课选择的三首作品都是学堂乐歌的代表作品。对本节课教学重点的选择有以下因素：由于学堂乐歌是特定历史时代的产物，所以，它在表达时代思想、创作手法和歌曲形式上都带有特定时期的时代烙印。因此，对其创作特点的分析主要是从学堂乐歌产生的时代背景、思想内涵、创作特征等方面着手，这也是了解和学习学堂乐歌的关键知识点，也是教学设计的核心和重点。

第二节　高中音乐选修模块教学设计

一、教材编写特征

从目前音乐课程选修模块三个版本教材的整体编写特征来看，可以总结为以下两点。

（一）突出教材的可读性

如湖南文艺出版社版本，单元标题设计生动，富于美感。例如，歌唱模块中“魅力四射的独唱舞台”“乘着歌声的翅膀”；戏剧模块中“戏剧的早餐”；演奏模块中“在乐器家族中寻找你的朋友”等，都显示出该出版社的各科教材在单元标题的设计上突出了美感和浪漫，以引起学生的阅读兴趣。

（二）体现学习内容的可选择性

人民音乐出版社《演奏》教材设计了“吉他”和“乐队”两个相对独立的教学内容。“吉他”部分自成体系，可以单独学习，不愿学习吉他的同学用同一本教材就可以学习管弦乐器及乐队演奏。此外，在乐队部分教材设计时，编者将“中国民族管弦乐队”“西洋管弦乐队”“管乐队”“混合乐队”及“乐队指挥”也进行独立呈现，使得不同学校、班级及个人可以选择不同的乐队演奏形式。

二、教材编写角度的分析

选修模块由五个模块构成，由于各学科其自身特点的不同，所以呈现出不同的体例组织特点，这些特点体现了新的组织思维方式。这些特点又可概括为以下几个方面。

（一）音乐基础知识和音乐技能训练与赏析相结合

例如，人民音乐出版社《音乐与舞蹈》教材按舞蹈学分类并设计单元学习内容，总体分为中国汉族民间舞蹈、中国少数民族舞蹈、中国古典舞、芭蕾舞、外国民间舞蹈、现代舞、社交舞等七个单元，其音乐基础知识和音乐技能训练与赏析的结合体现在教学内容之中。

（二）在音乐知识与技能的学习中获得历史人文知识

知识与技能的学习是学生音乐素质发展的一个显性指标，更多的是要通过这些显性的学习活动来形成综合的历史人文知识。音乐与戏剧表演模块由于自身综合艺术的凝结特征,所以也较为丰富地传递着历史人文知识。例如,在音乐剧《音乐之声》中既有美妙的旋律、欢快的舞蹈,也有对感人的亲情与爱国主义的宣扬,以及有对阿尔卑斯山如画风景的展示和对当时战争的侧面展示。

(三)强调音乐在综合艺术中的主导地位

选修模块中的"音乐与舞蹈"和"音乐与戏剧表演"模块是综合学科知识与人文主题交织的典型学科。例如,花城出版社出版的《音乐与戏剧表演》这个教材,在宏观上总体设计为"音乐与舞台艺术""音乐与舞台表演""音乐与影视艺术"三个单元,将音乐与舞蹈、音乐与影视、音乐与戏剧结合在一起进行学习。在具体课例上,戏剧更是将音乐与美术、舞蹈、服装、文学等结合在一起。

三、教材内容与教学环节分析

歌唱与演奏模块是高中音乐课程五个模块之中的表演实践课程,是义务教育阶段歌唱与演奏课程教学内容的延续,同时,也是歌唱与演奏知识与能力的提升。

《高中音乐课程标准》对歌唱模块与演奏模块的内容标准提出了具体目标,要求学生能够欣赏、感受优秀的声乐作品和器乐作品的丰富的表现力与美感;能够积极参与合唱、合奏、重唱、重奏、独唱与独奏等实践活动;能够掌握基本的歌唱技术与乐器演奏技术等。其教学要求注重高中生在某种音乐活动中的实际创作和表演,认为表演不仅仅是体验音乐、创作音乐的一种手段,而且是一种主要的实践手段。在对待音乐艺术的特点上,不仅具有选择性,而且在音乐艺术的创作要求上也偏重于提高与精深,而不是一般性的接触。

(一)歌唱模块教学内容与教学环节

人民音乐出版社的歌唱教材共有七个单元,每个单元由"欣赏""知识""实践""拓展与探究"等四个环节组成。内容包括歌唱的几个基本要素，独唱、合唱等歌唱形式的欣赏与实践，内容覆盖面较广。值得注意的是，在六个介绍歌唱要素的小专栏里，我们没有看到作者教学生如何去歌唱，而是用精练、优美而富有哲理的歌唱理念与体会，引导学生感受歌唱的基本原理与方法，可谓视角独到。

歌唱模块是高中阶段实践性很强的选修内容，有着独特的教学优势。比如，人人都具有歌唱的物质条件——嗓子，只要喜欢都能进行歌唱活动。另外，歌曲由音乐与歌词有机结合，最能直接表达人的思想情感，容易互相沟通，也因为歌唱往往表现的是人们生活中的感受，诸如亲情、友情、爱情和人生哲理及对大自然和社会的感悟，所以，对于歌唱而言，便于多数人参与其中。歌唱是培养学生音乐学习的兴趣、自信心和音乐表现能力及审美能力的一种有效途径。歌唱模块与演奏模块是具有表演性质的选修模块，义务教育阶段的演唱教学多倾向对歌曲曲目的浏览性和感性涉猎、体验、感受。而高中阶段的歌唱模块则更注重于表演与二度创作，既要掌握诸如呼吸、共鸣、发声、吐字的基本的科学方法和表演艺术形态，又要对作品表情、风格、语句等方面做出比较精致的、细腻的、具有内涵的处理，还要培养学生对声乐作品的敏锐的审美观、审美判断能力、广阔的文化视野和对歌唱艺术的浓厚兴趣。所以，高中阶段的歌唱模块学习是义务教育阶段表现领域的“演唱”小领域的进一步提升和深入，可见，歌唱的教学活动应该是丰富多彩的。根据课程目标要求和歌唱模块的学习价值，在教学设计上有以下特点：

（1）歌唱模块教学内容由音乐知识与技能、作品欣赏、演唱歌曲和拓展部分组成。与以聆听赏析为主的音乐鉴赏模块不同的是，歌唱模块以表演、歌唱为媒介，作品的审美体验和演唱知识技能始终贯穿于歌曲演唱和练习中。

（2）以合唱内容为教学重点，兼顾独唱、重唱。合唱教学活动学生参与率高、作品艺术表现力丰富，尤其是类似交响乐的多声部立体音响，具有较强的震撼力和艺术感染力，各个声部之间的统一协调，对于激发学生的学习兴趣、提升学生的音乐审美判断、增强学生与人沟通及协作的能力等，具有独特的作用。

（3）在音乐学习上，高中生在心理、生理和认知理解力上虽然相对初中生来说有一定优势，但毕竟没有受过系统的专业训练，因此，老师在曲目的选择上，要选择难度适中的歌曲，并通过恰当引导和创设意境使学生对歌唱艺术感兴趣并敢于歌唱。

（4）高中的歌唱教学不像义务教育阶段的歌唱教学那样多注重积极参与、兴趣的培养和作品的欣赏，高中阶段的歌唱需要自信地、有表情地、积极地运用一定的带有表演性质的演唱，演唱更注重音准、音乐情感和音乐风格。因此，高中歌唱教学更具有艺术性和专业性，并且将演唱活动与审美及文化关照紧密衔接。根据这些教学特点和要求，歌唱模块教学设计主要有以下环节：

首先是作品欣赏，对于没有多少歌唱经验和能力的中学生来说，大量地进行优秀声乐作品欣赏，能培养他们健康、高尚的音乐审美情趣、审美观及审美习惯。尤其是具有示范作用的演唱能激发学生歌唱的欲望和情趣，使学生在声乐技巧和艺术表现方面获得启示，学生会自觉地去模仿，同时能激发其对演唱的联想和想象，充分体验到演唱行为和声乐作品所带来的愉悦和美的享受。

其次是知识技能，即歌唱的基本方法技能、创作背景、音乐风格等与曲目相关的知识、识谱和乐谱的运用以及充满情感和有感染力的艺术表现等。但这些技能知识的学习训练，一般都穿插到歌曲的歌唱教学过程中，不主张单独地进行歌唱技巧的训练。

再就是实践、拓展与探究。密切结合学生的生活实际、音乐经验与爱好，将教材内容与学生感兴趣的现实生活中的音乐相结合。

（二）演奏模块教学内容与教学环节

在人民音乐出版社出版的《演奏》教材的选择上，该教材设计了“吉他”与“乐队”演奏两个教学内容，通过“欣赏”“知识”“拓展与探究”等三个环节完成教学。特别有趣的是，该书的设计不分封面和封底，两个教学内容可以从正反两个角度阅读，视觉上很新颖。吉他教学内容介绍了吉他的历史、类别、代表人物、演奏方法等，还关注到吉他与乐队的合作等内容的介绍，这种设计可能更加适合高中生的学习。乐队演奏的内容则注重学生对民族管弦乐队、西洋管弦乐队、混合乐队和管乐队的认识与作品欣赏，当然，也包括对乐队指挥的图示及指挥方法的了解。

演奏模块与歌唱模块具有类似的特点，都属于音乐表现范畴，是高中阶段实践性很强的音乐选修内容，具有独特的教学优势。义务教育阶段的演奏教学多倾向于兴趣的培养和对器乐曲的感性涉猎、体验和感受。而高中阶段演奏模块是学生凭着个人爱好、特长和兴趣有选择地学习,学习中更强调表演能力的加强与音乐的二度创作。既要掌握一些演奏姿势如弓法、指法、吐音、颤音、连奏、断奏等基本方法和表演艺术形态,又要注重音乐的语气、情感、风格特点等。乐曲演奏要比较精致、细腻,具有内涵。

在合奏、重奏中,演奏好自己声部的同时,要与其他乐器或声部协调、均匀、相互呼应、密切协作,在音乐中融为一体。通过演奏活动,培养对器乐作品敏锐的审美判断能力、文化视野和对音乐演奏艺术的浓厚兴趣。所以,演奏模块与义务教育阶段表现领域的“演奏课”小领域是一脉相承的,是音乐表现能力的进一步提升和演奏技术的进一步深入。

高中演奏课开始使用铜管、木管、弦乐、民族乐器、键盘乐器、打击乐乐器及吉他等多种正规乐器,已有别于义务教育阶段,诸如竖笛、打击乐乐器等简单乐器的使用。有条件的学校已经有西洋管弦乐队、民族管弦乐队、电声乐队、鼓乐队等完整正规的乐队编制,而且演奏的多为各种题材的纯器乐曲。另外,能够理解乐队指挥动作意图和做出反应并与之密切合作。在教学设计上,主要有以下特点:

(1)以器乐合奏为教学内容,兼顾独奏、齐奏和重奏。合奏教学学生参与率高,较之独奏、齐奏和重奏,其艺术表现更加丰富多彩,更具一定的深度与广度,更加具有艺术感染力。而且合奏需要各个声部的统一协调配合,共同塑造和完成音乐作品,对于培养学生的音乐审美判断能力、与人沟通协作的能力,特别是对音乐艺术的创造能力,具有其独特的作用。

(2)技能的掌握和乐曲的排练,应根据学生的水平循序渐进,分阶段、分步骤,有具体目标地由浅入深,来克服技术和乐谱运用等的困难,逐渐掌握自然准确的演奏技能,达到良好的演奏效果。

(3)演奏教学的难点和复杂性。对于歌唱模块来说,只要有一副嗓子即可,主要分为男女声两种音色,演唱方法基本一致,在演唱形式上也最多可以分为四声部混声合唱。

而演奏除了每人必须有一件乐器(乐器可能五花八门,种类繁多,音色各异,如管乐、弦乐、打击乐、弹拨乐器、西洋乐器,民族乐器等),演奏方法更是大相径庭。在乐队组织形式上,有正规的、编制齐备的管弦乐队、管乐队、民乐队(弦乐)、电子乐队、民族乐队、单一乐器乐队(一种乐器)、混合乐队(比如由民族乐器和西洋乐器组成,要考虑到各种乐器音色如何匹配、融合)。另外,教材所提供的乐谱是有限的,如果有乐器音色的规定,或者乐谱和乐队不搭配等问题,还需要老师根据乐器或者乐队条件和特点进行重新编配,把所有乐器都能巧妙地运用上,而且音色、声部、和声的搭配要恰到好处,表现出演奏模块教学的复杂性,这也是教学中的难点。

(4)演奏模块的教学环节与演唱模块有相似之处,基本上由作品欣赏、基本知识与技能、实践、拓展与探究几个部分组成。以演奏为媒介,把教学重点放在艺术实践过程,作品欣赏和基本知识技能始终贯穿于艺术实践中。

(三)音乐与舞蹈、音乐与戏剧表演模块的教学内容与教学环节

音乐与舞蹈、音乐与戏剧表演属于多学科艺术门类相互交融与综合的两个模块,尤其是戏剧,它是集文学、表演、音乐、美术、舞蹈、科技于一体的综合艺术门类,同时,这两个模块也是注重艺术表演实践环节教学的模块。《高中音乐课程标准》对两个模块的内容标准要求是:使学生在体验舞蹈、戏剧艺术的特点和在学习、体验其他艺术技能的基础上,强调感知音乐与舞蹈、音乐与戏剧的关系,理解音乐在舞蹈艺术和戏剧艺术表现中的重大意义与作用。同时,在欣赏和排练舞蹈与戏剧的过程中,了解中外舞蹈与戏剧的起源、流派、发展与特色,能够鉴赏与评价不同舞种与不同戏剧品种的艺术风格与特色。音乐与舞蹈模块包括舞蹈鉴赏与舞蹈常识、舞蹈表演和舞蹈创编等方面的教学内容,音乐与戏剧模块包括戏剧鉴赏与戏剧常识、戏剧表演和戏剧创编等教学内容。所以,在这两个模块的教学中,注意音乐与舞蹈的有机结合和音乐与戏剧的有机结合,是十分重要的。

音乐与戏剧表演是音乐与戏剧相结合的综合艺术形式,本模块是为满足高中生不同兴趣和艺术学习需求,为培养学生的艺术表现潜力、拓展艺术视野而设置的。戏剧是以音乐、文学、表演、美术、舞蹈等为媒介的综合艺术,其中有各种艺术元素的魅力表现,还有人物、剧情故事的展现等。戏剧也是表现力最丰富的艺术形式,再加上需要学生参与表演和创编,更有助于学生积极参与艺术实践,展示自我,并在戏剧剧情中体验音乐意境和内涵。音乐与戏剧表演模块教学与其他模块相比,虽然不是必修模块,但在教学效果和组织形式方面却有着独特的优势。所以,只要教学设计合理恰当,突出音乐与戏剧的关系,强调音乐在戏剧

表演中的核心地位与意义,把握戏剧的艺术特点,本模块的教学就能达到非常好的教学效果。

音乐与戏剧表演教学内容基本由戏剧鉴赏与常识、戏剧表演和戏剧创编组成。在教学设计上,首先要让学生通过大量欣赏作品,使其多体验和观察,积累经验,感受各种戏剧的艺术特点和独特魅力,初步领悟音乐在戏剧中的表现作用和二者之间的关系。在教学过程中,能使学生有表情地演唱我国戏曲和外国歌剧片段,并能认识其艺术风格特点以及发展历史。

在高中音乐课程标准中,音乐与舞蹈模块包括以下几个方面的要求:第一,音乐创作与表演。要求学生通过音乐创作和表演,发掘自己的音乐潜力,培养音乐审美能力和音乐表现能力。第二,音乐技术与应用。要求学生掌握基本的音乐技能和音乐工具的使用方法,如声乐、器乐演奏技巧、音乐编排、录音制作等。第三,舞蹈表演与创作。要求学生通过舞蹈表演和创作,探索身体的艺术表现能力,培养舞蹈审美能力和表现能力。第四,舞蹈技术与应用。要求学生掌握基本的舞蹈技巧和舞蹈工具的使用方法,如舞蹈姿势、舞步、舞蹈编排、灯光音响等。第五,舞蹈史与欣赏。要求学生了解舞蹈的历史发展和文化背景,培养学生的舞蹈欣赏能力和审美素养。

为了调动学生参与教学活动的积极性,可从配乐诗朗诵或者有情景的、有配乐的小品、哑剧表演入手,尽可能地让学生根据情景选择伴奏音乐,以此来体验和认识音乐在戏剧表现中的作用和基本规律。

首先,在创编方面,教师可组织引导学生以高中语文教材中的经典作品片段或者自己身边熟悉的、感兴趣的事物为素材进行创编,并为其选配音乐或者亲自演奏情景音乐。例如,可以播放《图兰朵》《猫》《蝴蝶夫人》《雨中曲》这四部经典歌剧和音乐剧,激发学生学习兴趣,让学生体验用歌唱(音乐)表现剧情和人物的思想感情,并由此了解歌剧与音乐剧的基本知识及各自的音乐特点。

其次,要让学生积极参与到戏剧表演之中,从感性上认识音乐在戏剧及影视中的表现方法、表现形式和巨大作用,模仿剧情片段演唱,模仿对话。了解“咏叹调”和“宣叙调”的艺术形式、演唱方式及在剧中所起作用,并了解歌剧的伴奏形式。

最后,通过对现代音乐剧的欣赏,从音乐曲调、唱法、音乐风格等方面探究和比较与传统歌剧的特征差异,感受音乐戏剧的变迁带来的不同审美情趣；认识音乐戏剧的艺术价值，增进对高雅艺术的热爱。

(四)创作模块教学内容与教学环节

“创作”是音乐艺术三度创作中的原创阶段(三度创作是指：作品原创、艺术表演、艺术欣赏三个阶段)，是音乐课程的重要内容之一。高中音乐课程中的创作模块是以“歌曲创作为主”的教学活动。本课程力图通过音乐创作的过程，激发和培养学生的想象力与创造力，鼓励学生通过音乐抒发和表达自己的思想和情感，发展学生的兴趣爱好与特长，巩固音乐创作基础理论和知识。学习内容包括音乐创作的基础知识与作曲基本技术，进行以歌曲创作为重点的创作活动，以及使学生能够在电脑上进行简单的音乐编辑与创作。同时，还能根据不同的音源材料(如人声或乐器)，进行某一主题的命题创作等，这一点我们也可以在人民音乐出版社《创作》的内容目录(图 4-1)中得到印证。

人民音乐出版社《创作》目录

第一单元　学习创作	第二单元　旋律的创作
第三单元　音乐主题的写作	第四单元　歌曲的结构
第五单元　歌词的选择	第六单元　采风与命题创作
第七单元　电脑音乐	第八单元　歌曲创作方式及其过程

图 4-1 《创作》内容目录

创作模块的目的主要是让学生通过创作简单的音乐来表达生活中的感受，并获得创作音乐的基本知识，如简单的录音、伴奏和短歌。教授创作模块的价值是通过各种音乐创意活动鼓励学生发挥想象力和创造力。

在义务教育阶段，创作主要使用线条、色块、图形、人声、乐器或其他声音来源来创建音乐。这个阶段对音乐创作风格和基本知识以及创作结果的需求非常低。进入高中阶段，应该更深入地创建一个模块，使学生能够学习和掌握音乐创作的专业知识和一般规则，练习创作音乐。这个阶段要求较高并且有一定难度，教学内容丰富、形式多样。

如即兴创作或者创编旋律、节奏，词曲编配，运用简谱、五线谱或者自然界的声音甚至图像、色块、线条进行创作。另外，可结合其他模块的教学内容或者表现形式进行创作，如分析合唱的和声配置，运用乐器演奏即兴创作的旋律，为歌曲伴奏，为诗歌、戏剧、舞蹈选配音乐等。总之，该阶段的创作模块教学丰富多彩，具有即兴性、复杂性和综合性的特点。

正是由于创作模块具有复杂性特点，所以在教学设计上往往会给音乐教师的教学设计带来一定难度。高中生对创作学习的欲望和创造潜力是不容忽视的，在教学设计上要从学生的学情入手，不要过多地讲解较难的理论知识，而要注重创作实践。比如，从学生熟知的典范作品或者主题入手，创作的方法和运用的知识尽量形象和通俗易懂，还可适当结合学生喜欢的多媒体技术进行教学。总之，只要充分了解学生的兴趣所在，恰当地选好教学内容，根据教学目标，设计出有效的教学策略和丰富多彩的教学活动，必定会获得良好的教学效果。这样的结果使学生能够更加深入音乐实践，大胆尝试音乐的一度创作，在音乐实践能力方面充满自信，发掘潜在的音乐能力。这样能够最大限度地调动学生参与音乐活动的积极性，同时，学生的创造力无疑也能得到更好的发展。

也正因为创作模块具有复杂性这一特点，所以，在教学设计上不应该有固定的、千篇一律的教学模式和教学方法，要视教学情况而灵活多变、因材施教，消除学生对音乐创作的神秘感，使其感觉到进行音乐创作并非难事，而是有着极大的乐趣。当然，创作模块教学设计也不是没有规律可循，教学设计基本由欣赏（体验刺激与感性的积累）——知识（教师引导启发，师生、生生交流，掌握创作基本知识与规律）——实践（音乐创作活动）三个部分组成。

以《为旋律配简易伴奏》教学设计为例进行分析：

首先，教师把单旋律的歌曲《小星星》与配上各种风格伴奏的《小星星》进行演奏对比，让学生领略伴奏的魅力，体会到伴奏创作在歌曲中的重要意义并帮助学生树立学习伴奏的信心。

其次，教师通过钢琴弹奏引导学生通过选择和对比来尝试选配和弦，由此引出编配伴奏的基本常识与步骤。

最后，学生应具备为旋律选配简易和弦的实践能力。由教师组织学生对《雪绒花》进行编配伴奏实践，进一步延伸，总结和运用为旋律编配简单伴奏的方法和类型，如和弦、织体、音型等，以进一步巩固编配伴奏的知识、方法，提高学生音乐创作的能力和兴趣。总之，在本课的教学设计中，应有把创作实践作为教学重点的思想。

第三节 学校课外音乐实践活动组织与设计

一、课外音乐实践活动是学生成长的需要

课外音乐教学是培养学生艺术素质的有效途径。这是一种不同于音乐课的创造性活动。课外活动与学校音乐教学相结合,可以形成完整的学校音乐教育结构,体现了课外音乐活动在音乐教育中的重要性,为学生音乐能力的提高提供了保障。

学校课外音乐实践类别包括合唱团、交响乐团、交响乐队、民间社团、舞蹈团、戏剧俱乐部等。

(一)还给学生一个幸福的青春时代

由于教学条件及形式的限制,课堂上的音乐教学往往使学生对知识、技能的理解和掌握受到限制。在课外音乐实践活动中,学生可以得到很好的发展和教育,课外音乐活动能够激发学生对音乐的兴趣,使学生更加了解艺术,有利于学生拓展知识,提高音乐和艺术技能。课外音乐实践活动可以看作是为学生创造了一个广阔的世界,让他们寻找快乐的青春时代。

(二)让学生在艺术氛围中成长

所有学生都面临着课外活动,丰富多彩的课外音乐形式为学生创造了参与的机会,使学生在课堂上紧张的心理和精神状态得到了放松。从学习音乐文化到参与音乐实践的体验,丰富而真实的音乐感受不仅能激发学生对音乐的兴趣,而且还促进了音乐教育的发展。

（三）通过美来培养健康的情感与价值观

音乐活动是社交活动，它具有社交功能。多样化的音乐实践活动能够提高学生的整体质量和音乐能力。学生音乐技能的提高也有利于与他人合作的团队活动，可以很好地培养学生团结协作的精神。音乐课外活动主要部分应由学生设计和实施。通过实践艺术活动，学生可以发展他们的组织能力、独立工作的能力、与他人交流与合作的能力以及创新能力。在充满审美和情感的环境中，学生的艺术潜力可以得到更好的发展。与此同时，校园内丰富的音乐和文化活动也提高了学生的音乐技能，增强了学生的艺术热情和审美能力。

（四）在音乐中结交好伙伴

广义上的社交与合作能力和狭义上的人际交流能力是现代人的基本能力之一，也是现代教育研究的重要领域。学校教育应创建让学生有机会开展学习和交流的平台，并创建允许学生与他人交流的空间和内容。课外音乐练习为学生交流提供了一个很好的平台。在艺术实践中，学生获得了较好的沟通和交流，并训练学生的社交实践技能，这也反映了音乐教学的功能特征。

二、课外音乐实践活动的组织与设计

（一）课外音乐活动的呈现方式

1. 丰富校园文化生活，组建专业课外音乐实践活动团队

在组织课外音乐活动的同时，还应该提高校园音乐文化活动的水平，丰富学生的音乐生活，提高学校音乐教育的影响，为学生提供良好的发展和实践环境。学校可以为热爱音乐并具有一定音乐知识的学生开设专门课程，创建各种形式的专业音乐团队。例如，根据老师和学生意愿，组建各种团队（包括合唱团、舞蹈队等），这是学校音乐教学和文化建设的重要组成部分。例如，高水平的音乐专业团队在学校教育中

有着重要的意义和特殊的示范作用，组织和办好音乐社团是音乐教师的责任。

2. 以选修形式组织教学活动，丰富音乐实践

高中学校在完善与延展音乐课堂教学的内容方面，还可以采取以音乐鉴赏模块以外的选修模块教学内容为活动形式。其活动形式与音乐专业团队活动有着许多共同点，最重要的是以完成模块教学目标为目的。

完成模块规定的教学课时与教学内容，即可获得相应学分。

音乐协会的活动和音乐选修课将学校的音乐教学实践有机地结合在一起，成为学校音乐教育实践课程努力追求的方向，也可以改善学校的音乐教育体系。

3. 定期举办全校艺术活动，活跃师生文化生活

举办全校音乐活动展演或综合艺术周活动是学校艺术教育不可或缺的一部分，也是教师和学生展示艺术成果的平台。同时，它也丰富了校园文化生活，培养学生获取全面知识和接受多种形式教育的能力。

（二）课外音乐活动的环境条件

1. 时间安排

由于音乐和艺术的课外活动旨在扩大音乐学习的范围，因此也应尽可能在学校空间内组织课外活动的排练和表演。要保证常规的排练，可在每天下午放学后或自习时间进行。

2. 场地设计

场地是一种影响活动开展的活动场所。除了基本的安全、卫生和其他条件外，学校较合适的音乐场地应远离文化课教室。此外，隔音效果要好，或避开教室，这样既不会影响其他人的日常生活，也可以避免不必要的干扰。

场地里，还应配备必要的音乐设备，如钢琴等；舞蹈排练室还需要大镜子、木地板或织物地毯；音乐教学应配备适当的录音设备，舞台排

练应配备合适的道具。

（三）乐队的组建与编制

学校乐队的组织范围可分为三类：大、中、小。大型乐队适于演奏织体复杂、内容丰富、具有交响性的合奏作品；中型乐队常用于演奏篇幅较小、相对简单且通俗易懂的作品；小型乐队配置简单、便捷，易于普及，常用于伴奏或多种乐器的重奏，或以小合奏的形式出现，演奏多种风格的小型作品。

各类乐队的结构与配置应体现以下四个基本原则：（1）完整性：即乐队的基本配置要具备高、中、低三个音区的乐器，来完成旋律、内声部和低音声部配置的需要。（2）对比性：乐队配置的主要原则是对比与统一，不同乐器组和乐器在乐队中的表现力及功能各不相同，合理的编配可以使乐队表现出统一而又富有对比的表现力。（3）均衡性：较为完善的乐队，各类乐器间的数量是以其音量比例的适当为原则的，乐器组各声部之间应保持平衡与和谐，使乐队有着较为平衡的音响效果。（4）合理性：各类乐器音色不同，且有着不同音区的演奏能力和演奏技法，可以获得不同的音响变化，当各种乐器一起演奏时，设法对其进行合理编配并使音响融为一体，表现出乐队丰满的音响，使音乐在流动和变化之中获得统一与协调。

学校音乐活动中可组建的乐队种类有很多，如由多种乐器组成传统的西洋和民族管弦乐队、管乐队等；属于某乐种的乐队，如民族民间乐队或电声、爵士乐队等；由同一种乐器组成的乐队，如古筝乐队、口风琴乐队等。此外，还有由于条件所限组成的各种乐器混合编成的混合乐队。不同的乐队有着不同的表现力和表现风格，不同的条件也可以在一定的原则下组成各种不同的乐队，重要在于依据基本原则因地制宜地组织乐队。

第四节 音乐教学资源开发

一、课内音乐教学资源

创建和使用所有学习材料是在开发和设计教学材料时必须具备的技能之一。教育和学习材料之间有着密切的关系,没有学习材料就没有教育。如果没有教育资源的广泛支持,很难将课程改革的最佳想法转化为实际结果。相反,有教学就一定要有教学资源的支持为前提,但教学资源的外延远远大于课内教学资源本身。

课程资源是构成课程的所有精神和物质要素。音乐课程可分为两部分:课堂内和课堂外资源。课堂内资源包括学校、教师和学生、学习材料和媒体网络。课堂外资源包括人类环境、景观、历史和文化遗址、博物馆、艺术组织以及社会中的人力和物力资源。充分利用音乐教育资源,提高音乐课程的知识水平和教学技能,促进当地音乐文化的发展和建设,这将为音乐教育提供广阔的空间。

二、教师教学资源的开发与运用

正如教学目标所具有的三个维度一样,教师自身的综合资源也可以从三个维度进行开发与运用。《新课标》指出:“音乐教师是实施音乐课程的关键,教师的知识结构、教学能力等是保证新课程顺利实施的基本要素之一。”

第一维度是教师的知识结构。教师的知识结构分为音乐文化知识、人文学科知识、音乐教育理论知识等几个方面。

第二维度是教师的能力结构。教师的能力结构分为音乐能力、教学能力和生活能力。

第三维度是教师的非智力结构。教师的非智力结构包括情感、品德、意志和个性。

（一）知识资源结构

第一，应该有良好的音乐教学经验和音乐文化知识及方法，这是音乐教师应该拥有的智力资源之一。一般包括音乐基础理论知识、音乐技术知识、与理论相关的艺术和文化知识等。音乐水平知识资源是音乐教师课堂素养的基础知识。教师必须拥有完整的知识体系，能够在行业中使用这些知识，并仔细分析教材，以确保教学顺利进行。

第二，人类知识包括政治、经济、哲学、历史、社会学、民族学和宗教等。掌握和理解这些知识可以帮助教师取得深刻和广泛的知识成就，帮助教师树立他们的世界观、人生观和价值观，全面和系统地了解人类文化，以便正确理解文化现象。音乐教师应该能够依靠这些知识了解学生的学习环境和文化背景，更好地与学生互动，满足他们的需求。

第三，音乐教育学中的认识论包括音乐教育学、音乐心理学、审美音乐、哲学、音乐社会学等。同时，我们需要学习和掌握音乐教学的基本规律和方法。掌握这些知识的音乐教师才能准确地评估课程，合理地选择教育资源、方法和策略，创造和发展积极的学习环境，并提供各种音乐课程等。

（二）能力资源结构

音乐教师必须具备音乐和非音乐技能。一般来说，音乐能力的基本要素应该包括感觉和感知音乐的能力、记忆音乐的能力、表达音乐的能力、创作音乐的能力以及欣赏和评价音乐的能力。非音乐能力是指音乐教学中音乐能力之外的教学能力和日常行为能力。教学能力的大小会直接影响教师的教学效果。

（三）非智力资源结构

第一，品行与榜样，古人说“教，上所施，下所效也”，教育的过程是“以人塑造人”的过程，是德才兼备的教师培养品学兼优的学生的过程。教师的德行，在教育中的楷模与示范作用是教育取得成功的关键。音乐教师是公众对从事职业音乐教育工作者的总称。由于音乐具有“美的教育”的特征，所以，大众对从事美的教育事业的人，也寄托着深厚的情谊和知识美、行为美的高度期望。优秀的音乐教师应该热爱音乐，热爱音乐教育，热爱学生。音乐是教师生活中不可或缺的一部分，教师只有不断追求和学习，不断学习新的知识和技能，才能对音乐有独特的感觉与理解。

第二，热爱音乐教育是音乐教师的第二种品质。如果音乐教师真的很喜欢音乐，当然会渴望给学生一种美妙的感觉，我们希望这种对音乐的热爱能通过教育传递给学生，让他们获得音乐美的真正意义。

第三，教师的个人资源也可以成为教学的重要资源。教师本身是最宝贵的教育资源，是开发和利用教育资源的重要力量。教师与学生们朝夕相处，教师的魅力，渊博的知识，独特的亲和力，正确的人生观、价值观和良好的素质是最吸引学生的无形教育资源。教师的艺术眼光引导学生，教师的热情影响着学生。同时，教师资源的合理利用对教师的专业发展具有重要影响。

三、学生综合资源的开发与运用

传统的教学方法是教师在课堂上进行讲授，教师对学生的受教育背景、家庭教育、个人素养、知识积累都无法了解，这大大提高了教师针对性教学的难度，同时，教学中学生参与学习的动力和知识获得的质量，也会受到极大的影响。

随着中国高质量教育的全面发展，许多中小学生从小就接受了一些技术学习和专业培训，唱歌、跳舞已经达到了一定的水平。在教授音乐时，教师可以充分利用学生的艺术技能，在课程设计中安排唱歌和表演环节。例如，允许学生参加范唱、领唱与欣赏主旋律的演奏，这不仅能提高学生学习音乐的意识，活跃课堂氛围，同时还能激发学生对学习的兴趣，满足学生自我实现的心理需求。

在音乐课上，老师应注意学生参与的范围和程度，给每个学生一个参与的机会，并给参加课堂表演的学生更多的鼓励，让学生在互相帮助的氛围中取得更好的效果。中小学生正处于身心发展的关键阶段，具有强大的活力、丰富的想象力和创造力。在音乐课上，鼓励学生在学习音乐时展开丰富的想象，理解和创造具有不同艺术表达形式的音乐形象，通过加深学生对音乐艺术中的审美和表达能力，教师和学生可以在有趣的学习环境中表达和创作音乐，以实现教学预期效果的。

我们还应该积极探索学生背后的资源，例如父母提供的特殊资源。比如美国的中小学有类似于“志愿”家长的机制，如果课程中存在技术或其他困难，在家长有时间的情况下，教师可以邀请家长到学校做“临时志愿者”。

四、教师与学生共同参与学习的动力资源

从音乐教育学的角度来看，参与学习和研究是教学和学习之间的双重活动。教育活动是教师和学生参与学习的重要环节，和谐的师生关系是师生参与学习的重要保障，兴趣是直接驱动力。由于教师是教学的领导者，教师必须首先提高自身的学习和研究热情，这样才能调动和影响学生的积极性。相反，学生的参与也会影响教师参与学习和研究的积极性。基础音乐教育改革鼓励教师积极参与教学和研究，养成研究和思索的习惯。

学生参与学习的意识和师生之间积极互动的习惯是音乐教育成功的主要因素之一。学生积极参与课堂教学活动，有助于培养学生的创新能力、问题意识、协作精神、人际沟通能力、科学精神和科学态度。

在教学中，教师和学生参与学习的积极性取决于他们的参与度。在相互影响、启发和发现的过程中，学生和教师可以通过交换信息、交换研究和实施双向互动来激活和发展他们的创造力，达成共识，共同进步，共享教育目标。

研究与发展建立在相互理解和尊重的基础上。今天，学生生活在网络信息时代，要理解和尊重他们开放的视野、积极的思维和活力。教师如何教学才能跟上学生的步伐？首先，我们需要了解学生是自我激励的个体，只有尊重学生，保持教师与学生在课堂互动中的平等，学生才能参与学习，充分培养其对学习的热情，进而激发教师的研究热情。

教师了解学生的最直接的方式是在课上激发学生的思维，并引导学生积极参与课堂教学。此外，课外活动也是师生直接交流互动的平台。教师可以使用情感音乐与学生进行心灵交流和互动。教师积极主动地调动学生“动”的欲望，采取不同的方式营造“动”的氛围，学生就会“越动越乐动、越动越想动”，培养良好的互动习惯，这样教师就可以从学生那里获得更多信息。

五、课外教学资源的开发与运用

课内教学资源与课外教学资源相结合，构成了音乐课程教学资源的多元化格局，是音乐课程得以顺利开展的重要条件。课外音乐课程资源主要包括图书馆、科技馆、博物馆、网络资源、公共设施及乡土音乐资源等。

图书馆是一种重要的社区文化资源，但是，大部分中小学的图书存量是有限的，不一定能满足所有学科的需要，而采用社会图书文献资源与学校图书资源相结合的形式，形成学校、社会图书馆资源共享、共建，是社会资源运用的有效手段之一。

博物馆是我国历史和文化积累的宝库，蕴藏着几千年中华文明的辉煌历史，具有重要的课程资源开发价值，加强学校与博物馆的联系，可以将学校的课程与社会历史人文资源融合，并结合音乐课程的学习，通过音乐这个载体学习、继承和弘扬中华音乐文化，借鉴与学习其他国家的音乐文化。

网络资源的开发突破了传统课程的狭隘性，在相当程度上突破了时空的局限。网上的信息可以使人的思路更加开阔，网络具有便捷的交互性，网络资源可以重复循环使用，可以进行课程资源的开发和内容重组。

学校的广播站、电视台、网站是学校音乐教学的又一个课外教学资源，也是建设校园精神文明的内容之一，应配合音乐课堂教学，经常播放健康向上的音乐，拓宽学生的音乐文化视野，形成良好的校园文化氛围。

学校的大礼堂、大教室、多媒体教室、室内体育馆等公共设施也应成为课外音乐课程资源的一部分，可以利用这些设施举办歌咏比赛、文艺会演、师生音乐会或音乐讲座等活动，这些活动可以配合节日、纪念日进行，以便能够形成定期的传统性活动，如新年音乐会、文化艺术节、音乐节等，还可以邀请专业音乐团体、歌唱家、演奏家来学校举行各种形式的音乐会。

音乐教师要争取学校领导和有关方面的支持和配合，拟定每年、每学期的学校音乐活动计划，让这些公共资源能更好地为学校音乐教学服务，丰富校园文化生活。

学校课外艺术活动是音乐课程资源的重要组成部分。课外音乐活动是指课堂教学以外的各种音乐教育活动。从广义上说，它可以包括校外社会音乐教育和家庭音乐教育。课外艺术活动是学校教育的重要组成部分，与课堂教学活动相互补充、相互配合，二者是不能相互取代替换的。

《音乐课程标准》在“课程资源的开发与利用”中指出：“除国家课程外，地方和学校自主开发的课程应占有一定的比例。地方和学校应结合当地人文地理环境和民族文化传统，开发具有地区、民族和学校特色的音乐课程资源；要善于将本地区民族民间音乐资源运用在音乐教学中，使学生从小就受到民族音乐的熏陶。另外，在课时内容中加以保证：根据《新课程标准》编写的教材占教材总量的80% ~ 85%，地方教材和校本教材约占15% ~ 20%。”

运用当地人文、地理、本土资源开发校本课程应该遵循《音乐课程标准》的基本精神和原则之外，还应结合本地区的人文地理环境和民族文化传统，吸收本地区的民歌和其他民间音乐，开发具有地方和民族及学校特色的音乐课程资源。各少数民族聚居的地区还要注意吸收反映本民族生活的民歌和其他的民族音乐。

六、校本课程设计

教材编写得成功与否直接关系到教学目标的实现。校本课程是国家课程的补充和拓展，突破以往的教学内容和教学方法，锻炼的是教师的教育能力和教学研究能力。音乐教师通过校本课程研发教材和编写教材，以及开展音乐教学实践活动，将会大大提升音乐教师的研究意识、合作意识和行动意识，提高音乐教师的创新意识和研究能力，在研究与编写教材的过程中，使自己的专业能力得到一定程度的提高。

（一）领会新课标

编写校本课程教材一定要突出新课标的基本理念、课程目标和内容标准的要求，确保教科书设计的总体思路与新课标相吻合，以课标理念作为校本课程的指导思想。编写的教材应具有开放性和创新性，适应学生的学习基础与音乐能力，通过教材的学习，能够引导学生体验和感悟音乐，评价和思考音乐，从而实现学习的深入和教学内容的多样化，拓展学生学习空间。但校本课程不只是简单的编写教材，重要的是体验校本课程开发的全过程和有效实施的过程。

（二）以学生为本

编写教材应遵循学生的生理、心理审美认知规律，从学生的兴趣、能力、需要出发密切联系学生的生活经验，编写时注意要有“留白”，以便给学生自主发挥、探索的空间。一定要增强书本知识与现实生活的联系，运用地方、地域、文化背景、风俗民情等优势资源，编写“结合方言、结合民俗、结合民族”的教材，教材要有利于激发学生主动参与学习的内驱力；强调教材应与学生的现有成就、能力倾向相吻合，并注重教材、方法、时间和情景的切合点，强调案例的实用性。教材要具有一定的弹性，不同年龄阶段要有不同的实施标准，以便给实施者和接受者以知识与能力、理论与实践的无缝衔接。

（三）突出校本特色

切实运用当地的音乐文化资源，注意教材要充分调动学生的积极性，注意教材编写的宽度和高度，注意同其他姊妹艺术以及与其他学科之间的密切关系，使教材体现更为独特的文化色彩。

（四）突出师生互动

教材编写的内容要有利于师生的教学互动和合作学习，这也是新课标理念所要求的。校本课程开发是一个持续不断的开放和发展的过程，这一过程既是促进学生实践、感悟、体验和发展知识、技能、方法、情感、态度、价值观的过程，同时也是教学观念的转变过程和促进教师专业发展的过程。在开发校本课程时，教师可以根据自己的兴趣、特长、知识能力等个体差异自主选择校本课程的开发与教学。课堂是课程实施最重要的场所，教师不只是既定课程目标的实现者、实施者，而且是课程的研制者、开发者。同时，学生在课程开发中应发挥积极的作用，也可以成为课程的创造者，在学什么与怎样学的问题上与编写者展开对话。在实践的课程模式中，师生双方都是课程的重要组成部分，同时是开发的主体和创造者。他们的需要、兴趣和问题是课程开发的核心问题,这些问题是因人而异、因地制宜的。

因此,在编写校本课程教材时既要考虑到教师的教学,也要照顾到学生各个方面的发展,还要考虑到师生的互动环节。校本教材应具有一定的灵活性、空间性,以便师生更好地互动、交流。为校本课程的实施融入丰富的养料,使校本课程不光是静态的文字等形式,而且要成为动态的、富有鲜活生命力的"活动",让音乐课堂和音乐活动真正的"动"起来。

第五章

音乐教师专业素养

音乐教育呼唤高素质的音乐教师队伍,因为高素质的音乐教师是音乐教育成功的关键。目前音乐教师面临众多压力,例如专业教学方面带来的压力,教学科研方面的压力,信息化带来的压力,职称晋升带来的压力等。因此,音乐教师队伍整体素质的提高,将促进和提高国民整体的音乐素质。时代呼唤每位音乐教师都应不断进取,提高自身素质,以适应新时代的需要,成功迎接新的挑战。

第一节　音乐教师的职业风范与教育观念

一、音乐教师的职业修养

（一）专业精神

教育过程是由人塑造人的过程，是培养具有优秀道德、专业学术能力和良好人格的学生的过程。与其他职业相比，教师的职业有其特殊性。由于教师的职业生涯是人的“铸造”，因此要求教师必须达到最高的专业标准。

教师必须清楚和理解自己的职业，要具有强烈的使命感，建立坚定的信念，并进行各种社会评估，做出正确、理性的判断。

专业精神首先体现在对职业的热爱上，只有当教师真正热爱教育时，才能积极参与教学，鼓励学生继续学习、研究和创新。教育工作非常复杂，教师的工作无法通过定量方法和指标来衡量，这必然需要教师为教育而奉献。教师应该尽最大努力减少功利主义，不要贪图物质享受，不要痴迷于傲慢的世俗主义，不要看重个人利益，一切都应该集中在教育学生上。

教师的专业精神不仅体现在他们对教学的认真、对教学的奉献、对学生的尊重和信任上，还体现在他们不断努力改善教育上。现代社会的教师不同于传统教师。教师必须不断进步，不断超越自己，敢于创新和创造，不断探索新知识，积极探索教育和教学法。为了获得更好的教育效果，教师必须通过持续学习和实践逐步提高自己的水平。

（二）表率作用

学生需要经历漫长的学习生活，学习生活对学生的健康发展起着非常重要的作用，但教师的言行会间接影响学生。教师的言行既能激发学生对真理的渴望，也能熄灭其追求理想的火花。因此，教师不应低估其本身的个性、言语和行动对学生的影响。“无处不在”是一种模式，是一种挑战自我、影响学生行为和教育的模式。教师不仅要有专业、良好的教学方式，而且要友好、平等对待每个学生。

“教师”的职业生涯往往取决于许多社会期望。例如，在传统社会中，教师重视知识、观念和职业道德，尤其是音乐教师，他们在教育的影响中发挥着重要作用。然而，在现代社会，教师的个性和教学能力更加受到重视。他们具有人格形式的道德品质，这影响着“教育”的人格。因此，优秀的教师不仅要注重知识的积累，还应该注重自己技能、人格魅力、职业道德水平的提高。

（三）思想修养

1. 思想敏锐、开放

新课程标准（以下简称“新课标”）要求音乐教师敏锐、开放，具有新的思维方式，这样才能够成为一个对新教育理念和新音乐敏感的教育工作者。开放教育的理念要求音乐教师打破规则，敢于创新，具有一定的远见。

2. 信息通畅、视野开阔

新课标要求音乐教师掌握新信息，拓宽视野。教师应该走出舒适圈，积极学习和交流，了解音乐教育的新趋势，吸收国内外音乐教育改革的杰出成果，敢于创新，勇于接受新事物。音乐教师应善于通过书籍、电视、视频、多媒体、互联网等收集信息和材料，多参加音乐教育领域的各种研究活动，拓宽音乐教育的视野，丰富音乐教育经验，进一步提高音乐教育的能力和水平。

二、音乐教师的人格魅力

俄罗斯教育家康斯坦丁·德米特里耶维奇·乌申斯基说:“在教育工作中,一切都应以教师的人格为依据。因为教育力量只能从人格的活的源泉中产生出来。任何规章制度,任何人为的机关,无论设想得如何巧妙,都不能代替教育事业中人格的作用。”

教师是学生品格的直接影响者、塑造者,教师的职业是以人格再造人格。教师的人格魅力对学生的心灵具有强大的感染力、影响力,从而对学生的情感培养、道德升华、学业发展具有深远的示范和激励作用。教师不仅要教学生如何学习,更要教学生如何做人;教师不仅要做学者,更要做教育家,以自己人格的魅力感染和教育学生。

(一)爱心

爱心是音乐教师人格魅力的集中体现。音乐教师应具备博爱的品格,爱音乐、爱学生、爱教育。教师对音乐的热爱,将深深地影响与感染学生。教师只有对音乐产生炽热的爱,才会不断地追求音乐、感悟音乐,视音乐为生活中不可缺少的一部分。音乐教师对教育的热爱,是音乐教师的职业动力,也是音乐教师的职业魅力。当音乐教师真正热爱教育,把音乐教学视为乐趣时,自然会产生让学生也拥有如此美好感受的欲望,并希望通过音乐教育的途径,使学生领悟音乐美的真谛。音乐教师对学生的爱是教育的核心,每一位音乐教师都期望把音乐文化通过音乐教育途径传播给学生,爱学生是音乐教师爱音乐、爱教育的延续与升华,是更高境界的爱。

音乐教师要爱他的教育对象,用爱心打开学生心灵的窗户,使学生快乐地学习。爱音乐、爱学生、爱教育是音乐教师人格魅力的根本。有了爱,音乐教师才能有不竭的动力和敬业、奉献的精神;有了爱,音乐教师才能对音乐教育工作保持高度的责任心和使命感;有了爱,音乐教师才能不断地追求音乐教育事业,才能在音乐教学中对学生“动之以情”。这是一种深沉的、执着的、浓郁的、理性的爱。

（二）学识

学识是音乐教师人格魅力的重要组成部分。音乐教师的学识是通过其学识魅力展现出来的，主要体现在音乐的审美鉴赏（感知、想象、联想、情感、理解、评价）、音乐的审美创造（意象、意向、激情、个性）、音乐的审美表现（歌唱、演奏、表演）以及艺术修养和文化底蕴的广度与深度上。音乐艺术美的魅力，为音乐教师展现才华提供了广阔的天地。赵宋光在《中学生美学文库——音乐美》一书中阐述了音乐美包含的方方面面。他认为音乐的表层美体现在音区、音色、节拍、节奏、音量涨落、音律亲疏等方面；音乐的中层美体现在旋律、和声、织体、体裁方面；音乐的深层美体现在意象塑造、结构逻辑、情致心态、人格境界等方面。可见音乐艺术美的博大精深，音乐教师的学识魅力正是通过对音乐艺术美的领略而体现的。

（三）气质

气质是音乐教师人格和个性特点的外化，主要体现在自信、聪慧、机敏、幽默、雅致、真挚等方面。作为美与爱的使者，音乐教师不仅要具有敬业、奉献精神和良好的职业道德，还要有通达的性情、高雅的涵养和宜人的风度。

通达的性情是指宽容、豁达的胸襟，开朗的性格，以人格的力量感动和教化学生；高雅的涵养是指渊博的学识、丰富的内涵和良好的修养；宜人的风度包括举止端庄，落落大方，待人礼貌、随和，衣着整洁、适宜，语言流畅、优美，表情自然、亲切，给人以潇洒和高雅之感。

三、音乐教师的教育观念

（一）音乐教学以学生为主体

无论是音乐欣赏还是音乐表演，每个人在审美和表现美的过程中都会有一定的差异。因而在教学的过程中，教师对作品的分析、讲解，只能起到引导和启发学生的作用。音乐学习是发挥个性、开动思维，注重个人情感体验的过程，每个人都会有自己的情感体验和情感表达。音乐审美教育的以上特点，使其在发展学生的个性和创造性思维等方面具有其他学科不能替代的作用，同时也决定了音乐教育必须以学生为主体。因此，在音乐教学过程中教师切记不能以权威的身份自居，而应该尊重学生的认知和情感体验，让学生充分发挥自己的个性，表达自己对音乐的理解。

（二）重视学生的可持续发展

现代音乐教育的重点不在于教会学生多少技能，而是要培养学生如何欣赏音乐、如何丰富审美素养；教会他们自己获取和提炼需要的艺术信息。今天的音乐教育不但要让学生学会欣赏音乐，更要培养他们用音乐进行自我调节和自我发展的能力，并且要把这种学习音乐和自我学习的能力与活动持续到学校教育之后，贯穿他们的一生。

（三）培养学生的创新精神

音乐教育是培养学生的创新精神的教育，因为音乐教育本身就蕴含着创新思维和创新能力的培养。在音乐教育中，不论是欣赏音乐还是表现音乐，每个人都可以根据自己的文化素质、生活经历和审美经验，对同一个音乐作品产生不同的理解和体验，在这一过程中就包含着创造性的思维。音乐教育如果离开了创造性思维，就将失去音乐艺术的灵魂和魅力。在现代的音乐教学中，音乐教师要善于引导学生创造性地学习音乐，拓展学生的音乐想象力，激发学生积极主动地思考，大胆提出自己的不同观点，培养他们的创新意识和创新精神。

四、音乐教育的专业影响

在新型音乐教学过程中，要从整体上探讨和综合认知各种因素之间的综合关系以及丰富多彩的艺术形式，这就要求我们必须持续转变传统的音乐教学模式，提高音乐教师对教学结果的预见性，提升音乐教学设计的科学性。有没有优良的音乐教师队伍是音乐教育模式改革成功与否的关键。音乐教师是教育改革方案、教学思想、教育模式的具体实施者，如果音乐教师的素质达不到要求、接受新事物的能力较差，那么改革便是纸上谈兵，因此新型音乐教育要想有所发展，培养良好的音乐教师队伍势在必行。

第二节　音乐教师的专业发展观

随着中小学课程改革的深入，课程建设是实施高质量教育的关键要素越来越凸显。课程内容反映了教育政策的目标。课程改革直接影响学科、教师、学生的发展以及教育质量的提高。

一、音乐教师的专业发展观

（一）新课程、新理念

音乐新课程改革和其他学科一样，大致经历了两个阶段，分别解决了不同的教育教学问题。2001 年至 2010 年为“一期课改”阶段，2011 年至今为“二期课改”阶段。

实施基础教育课程改革，是世纪之初基础教育领域的一项重大变革。改革主要有三个方面。一是改变课程过于注重知识传授的倾向，强调形成积极的学习态度，使学生获得基础知识与基本技能的过程同时成为学生学会学习和形成正确价值观的过程；二是改变课程结构过于强调学科本位、科目过多和缺乏整合的现状；三是改变课程实施过于强调学生接受学习的现状，倡导学生主动参与，强调学生通过实践，增强探究和创新意识，学习科学研究的方法，发展综合运用知识的能力。

（二）新教材、新要求

国家颁布的“二期课改”总体目标中明确指出，必须加快实施课程教材改革。以“二期课改”的中小学音乐教材为例，比较常用的教材有人民教育出版社版本（以下简称人教版）和人民音乐出版社版本（以下简称人音版），虽然两个是不同的编者且框架不一样，但在构思与编写上都共同呈现了新课程的理念。具体表现为以下特征：一是先进性，贯穿了素质教育的思想，体现了新的音乐教育价值观与教育观念；二是全面性，比较全面地反映了当今音乐教学的任务及对学生进行学力培养的各个方面；三是拓展性，促进个性发展、拓展基础、发展才能，多领域、多交叉、多角度呈现教学内容；四是可操作性，内容具体、详尽，提出了可行的方法和建议，操作性强；五是探究性，教学内容突出了专题性、综合性和创造性。

人教版突出的是教学材料的编排，按课表规定的学习领域（感受与欣赏、表现、创造）划分成具体的栏目，小学阶段主要有唱歌、欣赏、活动、学乐器等，在呈现方式上，采取乐谱、插图、配画、音乐知识、作品介绍、教学目标等丰富多样的方式加以编排。音乐基础知识、技能与教学曲目及音乐活动结合紧密。教材版面生动活泼、图文并茂。作为对教材内容解释、补充、提示、引申的插图紧扣主题，与学生的年龄特点及心理认知基本相符。

人音版从教学栏目上看，小学阶段应相对集中在聆听、表演、编创与活动三种教学活动方式上，全套教材分量较重的栏目为音乐欣赏和音乐表现两个方面，这与《新课标》要求基本相符。小学阶段的“编创与活动”是全套教材在编写上最富实际意义的尝试，它在很多方面体现出“以学生发展为本”的教育理念，在很多方面渗透着“探究式学习”思维方式。

二、音乐教师角色转变

（一）音乐教师角色的内涵

“角色”这一术语是美国社会心理学家乔治·赫伯特·米德（George Herbert Mead）首先从戏剧中借用的，是指演员在戏剧舞台上按照剧本规定扮演的某一特定人物。乔治·赫伯特·米德把“角色”这一概念引入心理学中，意指个体在特定社会关系中的身份以及由此规定的行为规范和行为模式的总和。个体在特定社会关系中的身份反映了个体在社会关系中所处的地位，它是个体的社会职能、权利和义务的集合体。每种社会身份都伴随所规定的行为规范和行为模式，当个体产生为自己的社会身份所规定的行为和行为模式时，便充当了某种角色。社会对其成员中的不同角色，都有成文的或不成文的社会规范、要求和准则，即行为标准。

如“教师”这一职业角色，一般包括教师的身份及具备的条件和所承担的责任。这种公认的角色行为标准就是角色规范。一定的社会角色总是依照相应的角色规范表现着角色行为，否则便不会得到社会的认可和承认。

教师角色就是教师的社会角色，是由教师的社会地位所决定的，符合社会对教师所期望的行为规范和行为模式的总和。教师职业的特征决定了教师角色既包括社会、他人对教师应如何扮演教师角色和怎样扮演好教师角色的期待，也包括教师对自身角色行为的认识，其外在表现就是教师扮演的角色类型。教师作为人类文化的传播者，在人类文化的继承和发展中起着桥梁与纽带的作用。“师者，所以传道授业解惑也。”这是我国古代较早对教师角色行为、义务及权利比较精确的概括。在现代社会，由于社会结构和教育结构的复杂性，决定了社会对教师期望的多样性和教育活动的多样性，进而决定了教师角色的多样性，这也是教师成为专门职业的时代要求。从社会和学校教育工作的角度看，教师角色主要包括以下五类。

一是知识的传播者，学习的发动者、组织者和促进者。这是教师职业的中心角色。教师的专门职能是传授知识，指导学生学会学习，培养学生的各种能力，促进他们的智力发展。教师的这一角色主要是通过教学活动来实现的，要求教师应把形成学生正确的学习态度、方法以及灵活的知识迁移能力作为教学的主要任务。根据教育教学的规律和学生身心发展特点，组织一系列活动，调动学生学习的积极性，使他们牢固地掌握科学文化知识，发展多方面的能力。

二是父母、长者、朋友和管理者。教师在课堂上、学习上是学生的老师，在生活上则是他们的长者和父母。教师不仅要关心学生的学习，还应培养他们良好的生活习惯和从事各种实践活动的技能，解答他们在生活中遇到的各种问题，充满热情地关怀、期望、帮助学生，扮演父母的角色。在日常生活中，教师还应成为学生的朋友与知己，对待学生热情、友好、平等、民主，保持良好的师生关系。当然，教师在充当朋友、知己角色时，不能忘记自己也是管理者的角色，是学生学习纪律的监督者和执行者，在关心爱护和帮助学生的同时，还要维持课堂教学秩序，控制和调节学生的活动，创建优良的班集体，保证教育教学活动的顺利进行。

三是榜样和模范公民。教师是教育人的人，人们按照教师的地位和作用，理所当然地要求教师要为人师表，成为学生和公民的榜样。在学生心目中，教师是知识的源泉、智慧的化身和行为的典范，教师所有的言行举止都无疑会成为学生模仿和学习的表率，在学生心灵中打上深深的烙印。即使作为一个普通公民，每个教师也都应意识到这一点，要通过自己的榜样、模范、表率作用去感染每一个学生，教育每个学生，对学生施以潜移默化的影响。

四是学生灵魂的塑造者。教师不仅要向学生传授科学文化知识和技能，培养学生的能力，还要按照社会与个体发展的需要塑造学生的灵魂。人们常说"教师是人类灵魂的工程师"，就是对教师在学生思想品德教育方面应扮演的角色的写照。也就是说，教师在培养学生具有正确的世界观、人生观、高尚的精神境界，以及追求真理、热爱科学、热爱和平的品格和不断完善自己的品德方面具有特殊的作用。

五是教育科学研究人员。现代科学技术的发展突飞猛进，知识经济时代即将来临，传统的教书匠式的教师已不能适应社会经济的发展以及教育自身的需要，未来教师将是专家型、学者型的教师。因此，教师不能仅满足于向学生传授现成的知识，而要积极探索和研究教与学的过程中出现的各种问题，成为一个科学研究者。在新课程实施的过程中，教师不再仅仅是课程的消极接受者，而是要作为积极的课程开发者，这是新课程倡导的新理念，也是对教师提出的新要求。

（二）确立现代音乐教师观念

1. 由以教师为主体转向以学生为主体

教师以一种心态为中心，这种心态主要源于强大和自信，他们习惯于以自我为中心和拥有坚定的主观性，认为一切都应该由老师决定。

在以学生为中心的课堂上，教师首先必须尊重学生，这反映在以下方面。

（1）尊重学生的个性，鼓励学生在教学过程中不断做出回应。

（2）尊重学生对音乐的感受，让学生懂得欣赏音乐，让他们形成较好的乐感。

（3）例如，在选择音乐表达方式、表达形式、路径等时，学生可以通过研究表达形式、路径等的实际效果来比较更合适的选择。

（4）尊重学生的学业成绩，即充分了解学生学业成绩和成绩合理的必要性，并根据上述三个方面为学生提供新的指导。因此，尊重个性、尊重感情、尊重个人选择、成就和结果成为内部循环的组成部分。

同时，教师应明确其主要任务，包括以下几个方面。

（1）应根据学生现有的经验和能力，引导学生积极感受、积极欣赏、积极表达、积极认识音乐作品和音乐相关的知识，为学生创造学习环境，使他们能够获得音乐美学领域的基本知识和技能；鼓励学生发现学习音乐过程中的问题和困难，并与学生合作找到解决方案和方法，学习如何从音乐之美体验中获得知识。

（2）及时进行教学和指导，即教师利用以往的经验、方法、学习策略和其他积累，鼓励学生面对问题，或通过仔细的监督来发现学生面临的困难；分析原因并根据学生的需要及时提供指导，以解决问题和困难并实现进一步改进。

（3）教师还应激发学生的学习兴趣，增强内部动机，为学生积极学习创造外部条件。

2. 由知识本位转向核心素养融合

知识本位是以知识为中心，在整个音乐课程中以知识的传递和音乐的学习为主要任务。然而，音乐教育目标不能作为一个整体来考虑。教师过于重视学习音乐知识，而忽视了音乐教育其他方面的目标和价值观，这使音乐教育成为一种无法充分体现的教育。教师的概念必须从知识向核心素养转变。

3. 教师成为学习者和研究者，把握教育发展脉搏

第一，教师必须不断学习教育的基本理论和规律，特别是学生身心发展的基本规律，掌握学生的发展阶段和个人差异。

第二，教师应研究和理解影响学生学习的因素，充分发挥学生的积极作用。教师不仅应该研究一群学生的特点，还应该研究学生的个人特点。教师不仅必须研究学生的行为，还必须研究学生心理特征。教师应始终关注和了解影响学生整体发展的因素。只有这样，学生才能获得最

好的教育。

第三，教师还应学习现代教育技术，以及具有适应信息技术新课程的能力。

第三节　音乐教师学科专业能力的构建

在音乐教育教学中，教师的个人认知与实践经验直接影响学生学习习惯以及最终的学习成果。现阶段，在培养教育专业音乐教师综合能力的过程中面临的问题主要包括不重视思政学习、实践锻炼机会有限、缺乏科学的激励机制等。基于这些问题，学校要更加重视音乐教师培育工作，鼓励音乐教师积极进取。随着音乐教师队伍的不断进步，呈现出来的教学设计将会更加吸引学生，有利于调动学生探索音乐知识的积极性。

一、教师应具备的专业能力

（一）歌唱能力

歌唱教学因为其教学形式简单、灵活、易操作，不受客观条件的制约，符合中小学生生理、心理发展的需要而成为中小学音乐教学中普遍的教学形式。对于音乐教师而言，歌唱技能是音乐教师最重要的基本功之一，一个具有良好歌唱技能的老师会受到学生的喜爱，能激发学生学习音乐的兴趣。在音乐教学中，教师的教唱、范唱是必不可少的，教师要运用正确的歌唱方法进行示范教学（如演唱姿势、气息的处理、声音的流畅优美等），让学生学会正确的歌唱方式。同时，音乐教师要了解学生变声期的声音特点，运用合适、恰当的方法进行声音训练。当前，部分音乐教师对歌唱教学存在着误解，为了加快教学进度，他们仅仅带领学生简单地唱会歌曲而不做专业性的处理，使得学生没能真正感受到歌唱艺术的美感。

（二）钢琴能力

作为一名音乐教师，要具备必要的钢琴弹奏能力，主要包括两方面：即兴伴奏能力与视奏能力。其中，即兴伴奏能力尤其重要，教师要能够自弹自唱，根据和声的走向为歌曲配上伴奏，在伴奏时，教师要根据作品的情绪、体裁等来确定伴奏音型。音乐教师要具备必要的钢琴伴奏能力，这会直接影响到学生对歌曲的表达，也会间接地使教师的钢琴演奏能力得到不断的提升。作为音乐教师，钢琴水平要达到一定的要求，教师必须要有扎实的钢琴基本功，应有“599/849”以上的水平，只有达到标准才能满足教学的需要。

（三）舞蹈能力

大家都知道音乐和舞蹈被称为“姊妹艺术”，两者相互促进、相互关联。教师在教学时可以结合自己的肢体语言带领学生表演音乐，这会使学生在快乐中感受音乐的美。音乐教师的舞蹈表演能力对学生音乐知识的学习有很好的促进作用。目前，我国的中小学音乐教育中没有专门的舞蹈课，这就要求音乐教师同时担任舞蹈教学工作。在音乐课堂上，有舞蹈能力的教师可以在学生学完一首歌曲后，带领学生根据歌词或者旋律的走向进行舞蹈创编活动，这样不仅使学生对该歌曲更加熟悉，而且能够陶冶学生高尚的情操。

（四）指挥能力

在中小学，有很多教师对指挥存在着误解，他们会觉得指挥很简单，就是简单地画拍子，甚至觉得歌唱活动有没有指挥都没关系，这就体现了教师对指挥认识的不足。音乐教师在给学生指挥时，要有基础的指挥知识，敏锐的听觉，稳定的节奏感，也需要与学生进行默契配合。在学校课外活动中，音乐教师要进行合唱队、管乐队、民乐队等训练，这对音乐教师则有更高的要求，教师在掌握基本的指挥知识的情况下，还需要具备管乐器、民乐器的知识，这样才能进行合理有效的教学。作为音乐教师不需要精湛的指挥技能，但要有基本的指挥知识、基本的指挥手势与指挥技巧等，比如在中小学音乐教学中最常见的有 2/4、3/4、4/4、3/8 拍，这要求教师必须掌握这些拍子的指挥图示、手势、强弱对比等。

二、教师应具备的教学能力

（一）创新能力

在艺术课程标准中，“培养创新精神”被纳入教学任务，反映了国家对音乐教育培养学生创新能力的要求。作为一名音乐教师，应该在音乐课程标准的指导下，创建一个具有独特个性的“教学模式”。作为创作者，教师应致力于自己的教育和教学活动，并不断探索自己独特的教学方法。与此同时，教师必须不断更新知识体系，吸收最新的学术成果，并将其应用于学习和教学实践。中小学生正处于思维最活跃的年龄，音乐教师必须了解学生发展的生理和心理特征，在教育活动中发挥充分的创造力作用，增加课堂音乐的乐趣。例如，音乐教师可以定义与课程内容相对应的课堂环境，并鼓励学生学习与创作相关的基础知识。

（二）语言表达能力

优秀的音乐老师应该具有良好的表达能力，合理使用语言向学生传授知识。准确、具有传染性的教学语言可以调节课堂氛围，激发学生的学习兴趣，使学生能够在舒适、有趣的环境中学习知识，大大改善音乐教学。简而言之，教师应该使用他们的语言魅力来实现“表达情感的声音，用话语打动灵魂”的效果。例如，当学生听音乐时，音乐老师使用生动的语言来描述音乐艺术作品，以激励学生思考。此外，教师通过在课堂上用正确的语言赞扬和激励学生，产生语言刺激和心理强化作用，逐步激发学生对音乐的兴趣。对于拥有音乐基础的学生来说，他们对自己有很强的信心，并希望表现自己。老师可以要求他们回答问题，如果答案正确，教师应该用简单的话来称赞他们，如“你很棒”“你的想法很独特”，等等。

(三)组织管理能力

教师是教育活动领域的领导者,他们组织和管理整个教学过程的能力在教学中起着非常重要的作用。音乐教师必须至少具备两种管理组织的技能。第一种是组织课程的能力。它包括教师在课前组织课程内容的能力,即在课前制订明确的课程计划,如关注教学难点、设计教学方法等。此外,教师还必须具有在课堂上组织教育活动的能力。教师必须能够成功地掌握教学方法,并在课堂上灵活使用。第二种是组织活动的能力。为了提高学生的一般技能,教师需要能够组织和指导这些活动,以丰富学生放学后的生活,如民乐队、鼓乐队、合唱团等。

(四)信息技术能力

进入 21 世纪,信息技术显然已经成为教师教学能力不可或缺的一部分。同样,随着音乐教育改革的深入,传统的音乐教育模式已经不能满足现代教育的需要。教育信息技术是一种方便有效的教学辅助手段,如果能在音乐教育中合理使用,不仅可以丰富音乐学习内容,激发学生的学习兴趣,还可以获得更多独立的音乐学习资源,提高教育效率。例如,随着多媒体和教学设备在中小学的广泛使用,现在的音乐教师会在上课前使用电脑制作 PowerPoint 课件,然后在课堂上使用 PowerPoint 课件向学生传授知识。与教师的讲座相比,多媒体教学可以吸引学生集中更多的注意力,让学生在快乐的环境中学习知识。音乐教师需要掌握不同类型的 IT 技能,如 PowerPoint 课件制作、MID 创作软件、使用音乐录制软件、音频编辑和音乐教育软件处理。音乐教师必须掌握信息技术技能,只有符合新时代音乐教师的标准,才能满足学生当前的发展需要。

第四节　音乐教师的职业规划

一、音乐教师的专业提升

（一）提升歌唱技能

演唱歌曲是中小学音乐教学的基本内容，也是学生最易于接受和乐于参与的表现形式。要激发学生的歌唱热情，使他们掌握正确的歌唱姿势、呼吸方法，引导他们注意变声期的嗓音保护，避免喊唱等，这都需要音乐教师提升自身的歌唱技能。掌握科学的歌唱方法，自然流畅地进行演唱，是作为一名优秀音乐教师必备的基本条件之一。在音乐教学中，教师充满激情的范唱，往往能激发学生的学习兴趣。因此，音乐教师应当利用上课和课余时间加强歌唱训练，提高歌唱水平，同时，还要学习一些流行歌曲，不断拓宽自己的歌唱范围，从而以高超的歌唱技能去征服学生、感染学生。

（二）提升演奏技能

器乐演奏技能也是音乐教师必备的基本功之一。器乐演奏对于激发学生学习音乐的兴趣，提高学生对音乐的理解、表达和创造能力有着十分重要的作用。让每一个学生掌握至少一种自己喜欢的乐器的演奏方法，这对音乐教师提出了更高的要求。当前，许多音乐教师只会演奏钢琴一种乐器，这很难满足教学需要。为此，音乐教师应自觉地利用课余、假期时间进行自学或接受系统的培训，不断提升自身的演奏技能。在课堂上，要选择一些易于演奏、便于集体教学的乐器引导学生学习，让他们在独奏、合奏的过程中感受音乐的魅力。

（三）提升创作技能

音乐是极富创造性的艺术。中小学音乐课程中的音乐创造是指在音乐教学过程中的即兴创作和运用音乐材料创作音乐的活动。在音乐教学中，想要更好地指导学生进行音乐创作，就需要音乐教师具有一定的曲式学、和声学、复调音乐、作曲技法及配器法等方面的专业知识。音乐教师只有不断学习，不断实践，不断提高自身的创作技能，才能游刃有余地指导学生学习音乐，提高他们的创作能力。

（四）提升指挥技能

合唱和小乐队合奏是小学音乐教学中的常见形式，对于丰富校园文化生活具有重要意义。随着素质教育的不断发展，合唱队和乐队的组建受到越来越多学校的重视，其中，优秀的指挥不可或缺。作为音乐教师，要积极利用课余时间自学合唱和乐队指挥技法。只有不断学习，不断提升指挥技能，才能适应教学和艺术教育发展的需要。

二、音乐教师的理论水平提升

（一）认真教学，提高自己的教育教学水平

教师的职责是“传道、授业、解惑”。要提高自身的师德修养，首先要提高自己的教育教学水平，这是师德的首要基础。如果一个教师不是一个优秀的“教书先生”，也就不可能成为一个优秀的教师。教师的爱可以用语言播种，用粉笔耕耘。对学生充满爱心的每一堂课，都仿佛在为学生打开一扇窗户，让学生看到一个色彩斑斓的新世界。

因为“爱”不是一句空话，教师必须尽可能地让学生多学一点知识，让他们学得好一点，成长得顺利一点，这对学生学业的提高、知识的增长，将产生不可估量的影响。

（二）关爱学生，力为人师

师爱，是教师对学生的一种只讲付出不计回报的、无私的、广泛的且没有血缘关系的爱。它是师德的核心，即“师魂”。教师应该爱每一位学生，不管大小强弱，甚至不管学生的品行优劣，教师都应该付出爱心，一视同仁。教师对学生的爱的情感，能转化为学生接受教育的内部力量，能赢得学生的爱戴和尊重，能激发他们对教师的亲近感、信赖感，学生一旦体会到这种感情，就会“亲其师”“信其道”，也正是在这个过程中，教育实现了其根本的功能。

三、加强继续教育，提高音乐教师的综合素养

在一线教学的老师都会有一个心得，大学毕业后进入新的工作岗位，随着时间推移，原先所学的知识逐渐不适应现代教学发展的需要，这就牵涉到了一个再学习、再进修、更新知识的问题。各级教育主管部门在建立终身教育制度和完善终身学习体系方面制定了一系列的政策和措施，继续教育从一种愿望变成了现实。为了提高教师的综合素质，真正地、规范地达到对教师的在职培训的预期效果，根据“宽口径、厚基础、重实践、强能力、高素质”的原则，这里对音乐教师继续教育的教学提出了以下两点思考和设想。

（1）明确培训要求。端正态度，明确学习的根本目的，而不是一味为了职称晋升。

（2）确保培训时间。培训时间不得低于 100 学时，具体时间为寒、暑假期间，保证上课出勤率。

第六章

音乐教师教学技能

音乐教师的教学技能是指音乐教师在课堂教学中运用自己的专业知识和教育教学经验使学生掌握音乐知识技能和提高音乐审美能力所采取的一系列教学行为方式。符合新课程标准要求的音乐教师教学技能应包括歌曲范唱、自弹自唱、声势活动、律动编创等一系列教学技能，将这些具有实践特点的音乐教学技能纳入音乐教师教育课程体系，对教学发展具有重要意义。本章论述了除基础教学技能之外的教学语言艺术与教学过程和反思，可以实现理论与实践一体化教学，全面提高音乐教师的教学能力，促进音乐教师队伍专业化发展，使中小学音乐课堂教学质量得到全面提高。

第一节　音乐教师教学的语言艺术和体态技能

体态语言是一种音乐教学方法,旨在增强和改善音乐的感觉和表达,它强调音乐学习与体态语言的结合。在教师的音乐教育中应用物理节奏教学方法,可以弥补传统音乐教学方法中声音感知和表达的缺点,并鼓励学生参与音乐体验。目前,音乐体态语言教学方法主要应用于儿童音乐教育活动。从感官的角度来看,音乐的本质是体验和感觉。为了提高音乐课的质量,有必要研究体态语言。

一、体态语言概念界定与音乐教师教学技能学习的现状

(一)体态语言的基本概念

体态语言是指听音乐时通过一些简单的身体运动,如鼓掌、挥手、走路等,遵循音乐节奏,以改善音乐感觉。由于音乐本身的特点,观众必须体验和感受音乐。“体态语言”是一种教学方法,旨在发展和提高学生感知音乐的能力。它要求教师引导学生通过身体运动感受和表达音乐的意义,以加深他们对音乐的理解,体验音乐的魔力。

(二)音乐教师教学技能学习的现状

“音乐教师教学技能”是指教师为教授音乐课程而培训的技能。首先,教学内容基于基本的教学技能,例如白板书写设计和准备课程、制作课程材料、MIDI 教学等。其次,它强调单方面传授技能的重要性,忽视学生对音乐和感觉的理解。

二、音乐教师体态语言教学的建议

我们应该正确理解体态语言教学法的地位。虽然体态语言教学法在音乐感知和理解方面具有优势，但也缺乏音乐理论知识，即基本教学内容等。音乐课中的节奏限制了相关能力课程的教学方法，但可以补充视唱练耳的听觉训练。考虑到物理节奏教学方法在激发学生的积极性和培养学生对音乐的兴趣方面的优势，以及音乐教师在教学技能上的优势，我们应该在音乐素材的使用上进行创新。课堂上的体态语言强调课堂上的基本教学技巧和理论，更注重补充体态语言。

三、音乐教师体态语言教学的实施方法

从当今师生互动的性质来看，教师在音乐教学中使用体态语言的教学方法的实施主要包括以下几个方面。

（1）参与——体验式，其教学经验意味着教师和学生在课堂上参与特定主题的讨论和学习，并强调教师和学生之间的平等关系，该方式指的是个人参与通过描述活动的主观主题进行讨论，以更好地了解课程内容。在体态语言教学中，要鼓励学生积极参与音乐教学和活动，引导学生学会用肢体语言表现音乐。

应当注重培养学生对音乐节奏的直觉本能和对音乐的表达能力，从而获得对音乐的直观感知能力。这种教学实施方式重视学生对音乐教学环节的参与，有助于培养师生之间的感情，增进学生对教师和教学内容的理解，从而在课堂上营造良好的教学氛围。例如，在音乐课程《行进中的歌》教学中，教师可以引导学生感受歌曲的节拍，为了消除学生的紧张感，可以鼓励学生闭上眼睛，听音乐，听音乐的力量和节奏。在这个过程中，教师可以选择合适的时间让学生融入其中，并有效地刺激学生对音乐情感的感知。

（2）引导——探究式，这种教学实施方式更加强调学生自主学习、独立活动的能力，它注重对学生意志力和创造性思维的培养。在“引导——探究式”教学中，教师充当引导者角色，更多的时候是学生自主发现音乐学习和律动动作中的问题，并根据教师的引导，尝试自主探究问题的解决方式，从而获得音乐的启发。教师在指导教学方面发挥着主导作用。通常，学生发现自己在学习音乐和节奏方面存在问题，并试图在老

师的监督下独立解决问题，以从音乐中获得灵感。在教学方法中，教师可以在课堂上准备一系列不同的节奏或肢体语言，解释和展示歌曲的起源，表达感情等，并鼓励学生参与讨论。然后在课堂上展示不同的节奏和肢体语言，引导学生讨论不同节奏和肢体语言。

在这个过程中，教师应该更加重视训练学生发现、理解和解决问题的能力。教师还应专注于学生讨论并及时提出解决方案和建议。这不仅增加了学生对音乐教育的兴趣，还可以使学生通过简要回顾来比较不同节奏动作和肢体语言之间的差异，以便更好地理解音乐的特征和意义。

（3）探索——创造式，这种教学实施方式强调对学生创新能力的培养，它需要教学对象对音乐有着较为系统和全面的了解和储备，主要应用在较高年级学生的音乐教学中。在课堂上，老师可以要求学生在特定的音乐类别中创造有节奏的动作，并鼓励他们分组设计有节奏的活动。

首先，可以为学生设置特定的音乐情景如火炬节、音乐会、毕业典礼等，并播放适当的音乐，让学生认真聆听音乐，感受音乐背后的激情。其次，教师应该鼓励学生分组讨论节奏，并尝试将他们彼此联系起来。为了进行比较和学习，教师还可以对各种节奏动作进行评论。这种类型的课堂实施方法非常重视提升学生的独立思考能力和创造力，有效地提高学生参加音乐课的热情。同时，自我创造和组织的过程有助于提高学生使用节奏的能力。

（4）讨论——交互式。这是一种互动讨论。“互动讨论”是指学生通过师生之间的对话和交流，讨论一些现有的节奏动作或特定的旋律音乐，以达到相互启发和拓展的目的。在“互动讨论”的教学模式中，教师不再在课堂上发挥主导作用，参与讨论的学生可以在讨论、学习的过程中展现他们的智慧。

在制定“互动讨论”教学模式时，教师应注意保持良好的讨论氛围，努力营造良好的讨论环境，鼓励学生表达自己，相互协作。通过讨论和交流，学生可以在自我感知中获得一定的节奏或旋律。通过自我意识和综合信息，学生可以更好地理解音乐节奏、速度和情感。同时，讨论中的自我表达也有助于培养学生的表达能力。在这个过程中，教师可以鼓励学生及时使用节奏和肢体语言，帮助学生提高音乐表现力，鼓励学生认识体态语言。

四、音乐教师体态语言的意义

提高音乐教育质量是音乐教师的职责。与传统的教学模式相比,体态语言实施框架内的不同教学方法有助于学生更好地理解音乐和情感的含义。音乐的呈现形式,为音乐教育提供更多灵感和思考,有助于提高音乐教育质量。学生对音乐的感知是通过倾听实现的,体态语言的应用提供了一种有效的感知和体验方法。例如,在《伏尔加船夫歌》中,仅仅通过课本和教师的讲解,教学对象难以感受到船夫的劳累和叹息。而一旦加入体态语言如拉纤、喘息、伸展、呼吸和其他身体运动,学生便可以从更直接的情绪动作中获得自我感觉,从而改善学生对这种情绪的表达。

以体态语言进行课程教学的方法可以激发学生对音乐和创造力的感知。它可以是多样的,适合不同的场景和群体,可以激发学生对音乐的兴趣和热情。从培养音乐习惯的角度来看,现场课程可以帮助学生培养他们对音乐和艺术的兴趣。对于在音乐课程中以新的标准为导向的课程,应引导学生积极参与,以获得音乐美的感受和体验。体态语言教学非常重视对音乐的感知和理解,自我表达和自我创造。学生可以使用更复杂的肢体语言和不同类型的音乐表达来获得。独特的音乐记忆让学生培养创作音乐的能力,并使他们对音乐美的理解产生深远影响。

教师可以以独特的教学理念、新的教学方法帮助学生理解音乐作品,帮助学生实现自己的技能独创性。例如,在音乐教学中引用物理节奏教学方法,将对音乐教育的课程体系和质量产生深远而持久的影响。从这个角度出发,探讨体态语言的实施具有现实意义和研究价值。

第二节　音乐教师教学导入、讲授、提问、课堂结束技能

一、教学导入

在音乐课堂教学中合理、巧妙地设计导入环节,能营造良好的学习氛围,激发学生的学习热情,化解学习内容的难度,实现新旧内容的自然过渡,从而大大提高课堂教学效果。导入环节的设计应融针对性、科

学性和启发性于一体，同时要具有新颖性、多样性、艺术性、实效性、趣味性、联结性。随着素质教育的不断深入，音乐教学课堂的导入越来越受到教师的重视，那么如何能做到流畅自如呢？我们要注意以下几个要求。

（一）针对性

导入的针对性是指教师设计导入必须以教学目标为指针。教师要认识到，无论采用什么样的导入方式，或者导入有多完美、多有趣，其最终都是要为本节课的教学目标服务的，所以导入要针对教学目标，不能一味地为了吸引学生的兴趣而运用讲故事、看视频等导入方式。课堂导入要针对不同的教学内容和教学对象，确定不同的导入方式。

（二）科学性

教师所表述的概念、阐述的原理、引用的事实都要做到准确无误，具有科学性。同时，导入内容的条理、线索要符合逻辑，导入形式和方法要恰当、合理。因此，教师必须重视导入的科学性要求。

（三）艺术性

音乐是一门艺术，因而作为音乐课堂的重要组成部分——导入环节也应具有艺术性。这就要求教师首先要具有创新精神，设计的导入内容新颖、奇特，使学生有新鲜感；其次，教师要注意语言的科学性、形象性、鼓动性和教育性，避免使用那些干巴枯燥、刻板平淡的语言。如果导入是为创设情境，教师的语言应该富有感染力，既要清新流畅，又要形象生动。如果导入选用直观演示方式或借助实物时，教师的语言应该简明扼要，通俗易懂，富有启发性。如果导入选用逻辑推理时，教师的语言应该清楚明白，逻辑严密。

（四）启发性

课堂教学导入的启发性要求主要是指两方面。其一是激发学生的学习兴趣。心理学研究表明，只要学生对所学内容感兴趣，就会积极、主动地学习。因此，教师所准备的导入内容和导入方法应该将学生的学习积极性激发出来，使学生以最佳的心态投入学习。其二是启发学生的思维。学起于思，因此，导入必须运用一些设疑、启发讨论等方法来激起学生思维的涟漪，使学生通过自己的思维活动实现音乐知识的正迁移。

（五）联结性

课堂教学导入的一个重要作用就是承前启后，在内容上要建立新、旧知识的联系，形式上要关注一堂课的完整性。所以，设计导入时，要仔细分析新、旧教材之间的联结点，充分了解学生的知识和能力基础，选择最佳突破口和表现方式，使导入起到温故而知新的作用，使教学浑然一体。

二、教学讲授

讲授技能是教师以语言为主要手段向学生传道授业、开发智力的教学活动方式，在课堂中讲述现象与过程、讲解概念与规律、讲读知识与资料等统称讲授。讲述、讲解、讲读、讲演虽然各有不同的特点，但它们都是以教师口语为主，是具有综合性、逻辑性、情感性的教学活动方式，广泛地应用于课堂教学过程之中。

讲授的最大优点是能在较短的时间内传授系统的知识，充分发挥教师的主导作用，易于控制学生的学习和直接传授学习方法。其缺点是容易形成教师唱独角戏、满堂灌的刻板局面，不利于学生主动性发挥与个性的培养。特别是在教师观念陈旧和技能不精的情况下，讲授的缺点更为明显，甚至造成学生被动学习与厌学乏味的感觉。讲授在课堂教学中使用频率很高，因此我们必须更新教学观念，提高课堂讲授的效能。

现代课堂中的讲授，已不再是教师的独角戏了。它虽然仍由教师支配课堂的大部分活动，进行以口语为主的传授与引导，但也十分注意与其他教学手段结合，注重吸引和调动学生参与活动。

讲授，对于学生来说属于接受学习范畴。为了科学地分析讲授技能的要领，我们先要弄清讲授法与发现法的区别。

(一)讲授法与发现法

自从布鲁纳提出了发现教学法以来,人们对讲授教学法多持批判态度。许多人认为讲授必然导致学生机械地接受学习,是一种注入式的教学,已经陈旧过时了。然而,奥苏贝尔却持完全不同的见解,他认为将讲授法看成必然造成机械学习的认识是一种误解。根据学习的同化理论,他提出了意义学习的两个先决条件,并且指出只要讲授得法,符合这两个条件,就能有效地促进学生有意义的学习。人们之所以认为讲授法会导致机械学习,是由于许多教师不符合要求地运用讲授法。

一般来说“发现法”较适合教低年级学生,适合基础概念或原理的教学,有助于远迁移能力的培养,其缺点是太花费时间,课堂难以掌握;讲授法则更适合高年级学生,教学省时并有助于近迁移能力的培养,其缺点是远迁移能力培养不及发现法。在实际教学中普遍认为应以讲授法为主,发现法为辅,兼而用之。教师要善于根据教学对象、教材内容、教学时机的不同灵活选取不同的教学方法。

奥苏贝尔进一步阐明了接受学习与发现学习的区别。在接受学习中,学习的主要内容基本上是以定论的形式传授给学生的。对学生来说,只要求把教学内容加以内化(即把知识结合进自己的认知结构之内),以便将来能够再现或迁移。

在发现学习中,学习的首要任务是发现,然后同接受学习一样,将发现的内容加以内化,以便以后在一定的场合下予以运用。所以,发现学习只是比接受学习多了一个阶段——发现,其余没有什么不同。

奥苏贝尔认为,接受学习和发现学习都可能是意义学习,也都可能是机械学习,关键要看它们是否满足一定的条件。意义学习有两个先决条件:一是学生表现出一种意义学习的心向,即一种在新学的内容与自己已有的知识之间建立联系的倾向;二是学习内容对学生具有潜在意义,却能够与学生已有的知识结构联系起来。

从第一个条件来看,为了促成学生的意义学习,讲授一定要能激起学生的学习动机,并促使学生形成不断地将新旧知识联系起来积极思考的意愿。反之,如果讲授不能吸引学生,而形成一种被动灌输、死记硬背的习惯,那就必然导致机械学习的发生。

从第二个条件来看,为了促成学生的意义学习,讲授的内容一定要精心加以组织;新的知识一定要与学生个人的经验背景、已学过的概念规律、曾接触过的事实和各种典型的实例相联系；要使学生的认知结构在原有的基础上有序地分化和综合并得到发展。

可见，讲授法并没有过时，但需要完善与更新。讲授技能是教师所必备的技能，也需要不断完善与更新。值得指出的是，教师的讲授技能不仅在讲授法中起决定性作用，即使在发现法教学中讲授技能的运用也不可缺少。

（二）讲授技能的构成

根据教育学、心理学理论，运用奥苏贝尔的观点分析不难发现，构成讲授技能的必备要素包括以下几个方面。

1. 激发学习动机

根据意义学习的第一个先决条件，讲授必须有利于学生形成意义学习的导向，引起学习兴趣，激发学习动机。一般来说，激发动机要贯穿讲授过程的始终。教师语言的艺术性和个性化对激发学习动机至关重要，照本宣科的讲授会使学生感到乏味而厌学。

2. 组织讲授内容

根据意义学习的第二个先决条件，讲授的内容必须对学习者有潜在的意义，要将讲授内容组织成学生易于理解、易于记忆、结构清晰的体系，并以恰当的顺序逐步将新内容融入学生已有的知识结构之中或形成新的知识结构。

组织讲授内容的一般方法包括以下几点。

（1）重点突破法

寻找教材中的重要概念，关键语段，来设疑激趣、精心点拨、重点突破、带动全局。这种方法犹如画龙点睛，需要教师有较强的处理教材的能力，正如叶圣陶先生所指出的“倾筐倒箧容易，画龙点睛艰难。”

（2）归纳法

在大量实例或论述的基础上总结出讲述的结论与推论，或者是在逐项讲授后，给出提要，这是一种逐步综合的讲授方法。

（3）总分法

从整体入手再分门别类、划分层次进行条理明晰的阐述，这是一种逐步分化的讲授方法。

3. 提炼教学语言

讲授是以语言为主要手段传递信息、授之方法、引导学习，因此，对教学语言运用应有严格的要求：主旨明确，详略得当，科学规范，准确无误，情感充沛，亲切优美，启迪思维，风趣幽默，灵活多变。

4. 变换讲授形式

生动活泼，始终保持对学生具有强烈吸引力的讲授，除了精心提炼教学语言外，还必须注意变换讲授形式。讲授形式的变换主要包括讲授手段（口语、板书、体态、提问、媒体等）的变换和讲授方式（讲述、讲解、讲读、讲演）的变换。通过它们恰当地变换组合，就形成了丰富多彩的讲授形式，不仅给学生多感官刺激，传递多方位的教学信息，而且给学生常讲常新的感觉，乐于倾听讲授。

讲述，是以叙述和描述的方法向学生传授具体知识、提供表象、发展学生形象思维为主的讲授方式；讲解，是以解释说明和分析论证的方法向学生传授抽象知识、发展学生逻辑思维为主的讲授方式；讲读，是以讲述、讲解与阅读交叉配合的方法，加深对阅读材料（教材）理解为主的讲授方式；讲演，是系统阐明自己的观点和意见的讲授方法。在课堂教学中，讲读多用于文科教学，讲解多用于理科教学。但是，各门课程的教学都兼有培养形象思维与逻辑思维的任务，都要帮助学生理解教材和阐明教师自己的观点。因此，讲述、讲解、讲读、讲演往往综合运用于各学科的教学。

5. 实施现场调控

课堂讲授有很强的时效性，即在预定的时间内完成既定的教学任务。同时，学生的学习情况与环境的变化又往往与教师主观预拟的教学设计不尽一致。这就要求教师在讲授中随时调整控制讲授的进程，以顺利达成讲授的目标。

(三)讲授技能的基本要求

1. 讲授要有科学性

讲授的科学性指的是：第一，讲授内容正确无误，不出现科学性错误；第二，讲授语言准确规范，恰当运用本学科的专业术语。

2. 讲授要有目的性

讲授的目的性指的是：第一，讲授要有明确、具体、恰当的目标；第二，讲授要紧紧围绕目标来组织教学内容，有的放矢；第三，善于从不同角度突出讲授重点，抓住关键，实现讲授目标。

3. 讲授要有针对性

讲授的针对性指的是：第一，讲授内容要切合学生实际，适合学生的年龄特征和发展水平；第二，要准确确定学生学习的难点，有效突破难点；第三，要有针对性地运用典型实例，使抽象的内容具体化，枯燥的内容生动化。

4. 讲授要有系统性

讲授的系统性指的是：第一，讲授条理清晰、层次分明；第二，讲授内容构成逻辑严谨而又易于学生理解和记忆；第三，讲授各环节衔接紧密，过渡自然，前后呼应，整体连贯。

5. 讲授要有启发性

讲授的启发性指的是：第一，讲授要启发学生明确讲解的意义，激发学生的学习热情与求知欲；第二，启发学生积极思考，参与讲授过程；第三，启发学生举一反三，实现学习迁移，培养能力。

6. 讲授要有艺术性

讲授的艺术性指的是：第一，讲授要以情动人，使学生产生共鸣与激情；第二，讲授要新颖活泼、风趣幽默、富于变化，使学习成为一种享受，充满乐趣；第三，讲述、讲解应与板书、演示、提问、学生活动巧妙配合，以长补短，相得益彰，体现整体和谐美。

（四）讲授教学应注意的问题

讲授教学是学校课堂教学的主要方式，但是必须注意，讲授教学也存在一定的局限性，同时不恰当运用讲授法也会造成学生机械学习的问题。

1. 注意讲授语言

言语形式的学习必然会给学生的理解和多方面的发展带来一些问题。这就需要在讲授中采用合适的方法，以圆满完成多维目标的教学任务。

2. 改变讲授思维

受长期应试教育的影响，学生对有潜在意义的讲授内容常常表现出一种机械的学习心向。

原因之一是学生长期的学习经历，特别是考试或提问中，要求他们逐字逐句地机械应答，而灵活、实质性的应答反而被扣分。

原因之二是学生对某些学科由于长期的失败、低分，而形成高度的焦虑感，对意义学习的能力缺乏信心，认为只有机械记忆应用方便。

原因之三是学生一开始就没有理解的内容，出于压力机械地死记，却给人一种理解的假象，而又得不到教师的纠正，使他们认为这样比试图去理解意义容易得多，形成机械学习的心向。

由于这种学习心向是长期形成的，并且各个学生的成因不同，因而讲授教学务必着眼长期、着眼个别去影响改变学生的心向，同时改变教师自己的教学思想与教学方法。

3. 更换讲授方式

从目前来看，有相当多的教师仍然靠着机械的言语学习方式来教有意义的教材，造成学生机械学习的问题。例如，对教材缺乏组织加工，不能形成有意义的、精要的体系，往往照本宣科。不注意新的学习任务与以前学过的知识的联系，迫使学生强行记忆，评定学生的成绩只注重记忆性知识等。这样有意义的知识就成了学生机械学习的零星事实或生硬无意义的词句。鉴于此，教师的讲授应按意义学习的两个先决条件来设计与实施，以教育心理学的原理指导教学。

4. 培养学生听讲习惯

讲授时要注意组织学生注意听讲,培养学生认真听讲的习惯。教师提出问题要有艺术性,要能引起学生听讲的兴趣。教师讲授时要做好学生听讲的组织工作,并结合提问、演示等方法,使讲授内容易被学生领会。

三、教学提问

提问作为课堂教学中师生相互作用的应答活动,应用频率高,适用范围广。善于运用提问达到特定的教学目的,几乎是所有优秀教师教学的显著特征。课堂提问有多方面的功能,主要是:创设问题情境,吸引学生参与教学;激发出认知矛盾,启发学生积极思考;收集反馈信息,便于及时调控教学;增进师生交流,利于学生相互启发;给予学生表现机会,锻炼表达能力。因此,课堂提问技能是课堂交流的一项重要基本功。

(一)提问的作用

在教学中,针对学生理解有困难的内容,教师可运用提问技巧,引导学生分析那些起关键作用的材料和信息,串起内容的主要线索,帮助学生突破难点。合适的提问,也能够引起学生对重点内容的重视和注意。在学生的学习中,应帮助学生对教学内容加深理解,而不能仅仅停留在表面层次。

1. 启发学生思维

学生的思维是从问题开始的,没有问题就没有认知的困惑,也就没有思维。而音乐教学的本质就是要开启学生的思维,激发他们丰富的想象力和理解力,教会他们如何学习,如何思考。

2. 思维定向作用

教师的提问还可以起到课堂调控的作用。当学生思维出现偏差、冷场或课堂沉闷的时候,教师就要善于提出调控性的问题,及时引导学生思考,引导学生紧跟教学进度,保证教学活动的顺利开展。在学习时,提问给学生以思考的对象、范围、目标、方向或专题,将学生的兴趣、注意力和认识从表面引向内部,或从较为宽泛的内容中,指出思考的"焦点",从而使学生迅速找到认识事物的突破口。

3. 实现师生互动交流,活跃课堂气氛,沟通情感

音乐教学活动是师生双方进行信息和情感交流的过程。教学过程不仅是教师在讲台上讲解和演示的过程,更重要的是学生要积极与老师进行互动,师生之间的交流是极为重要的,提问正是有效解决师生交流的重要方式之一。

(二)提问的注意事项

1. 慎重选择提问对象

提问,一方面是为了巩固之前所学知识,有助于教师从中得到反馈,全面了解学生的学习情况;另一方是为了讲授新知识,引发学生的学习兴趣。因此,针对提问的不同情况就要选择不同的提问对象。如课堂小结中的提问,一般是为了复习之前所学的知识,因此,提问对象应选择学习成绩一般的学生,他们能代表大部分学生的学习情况和水平。如果是开授新课,则可以提问学习成绩较差的同学,即使回答错误也没关系,重要的是启发他们的思维,产生学习的动力。如果是为了考核当堂所学的新知识,则应提问学习成绩较好的学生,这有利于其他学生对当堂知识形成正确的理解。

所以,提问既要有针对性,又要全面,照顾到好、中、差三种学习程度的学生。提问范围要广,提问面要宽,不要集中在少数人身上,更不要让一名学生连续回答多个问题。

2. 要善于聆听

聆听是获取信息的重要途径。在课堂教学中教师要善于聆听,不要让学生感到拘束,在学生回答问题的过程中,教师要注视着学生的眼睛,要有耐心,要让学生有机会充分发表自己的见解和阐明自己的观点。千万不要粗鲁地打断学生,那是不尊重学生的表现,它会挫伤学生回答问题的积极性并破坏教师在学生心目中的形象。对于刚走上工作

岗位的教师来说尤其要注意这一点。

3. 对学生的回答做出客观公正的评价

提问是使学生了解自己知识掌握程度的一种方法。为此,教师在提问时要注意给学生反馈信息,即对他们的回答给以客观公正的评价。对于学生回答中正确的部分和有独到见解的观点,教师要给予肯定、表扬和鼓励;对于回答中的错误,教师最好能引导学生推导出已有认识和新学知识相矛盾的结论,促使学生对知识重新建构。

(三)提问的程序

提问是一个师生设疑、释疑的过程,是交互作用的动态发展过程,而不能只看成是简单的发问操作。一般说来,它包括教师的构思,初始发问,学生的反应,教师针对性地提示诱导,学生的领悟、思考与应答,师生共同评价核实问题的答案,以及在新的层次上变换发问的内容与方式等,直至达到提问目的为止。

(四)提问的类型

提问是一种很复杂的教学行为,依据不同的标准可以将其分为不同的类型。若借鉴布卢姆认知领域教学目标分类学理论,根据学生的认知水平,可将其初步划分为回忆性提问、理解性提问、分析性提问、综合性提问、评价性提问五种类型。这种分类与学生认知能力的提高同步,是适合学生心理发展水平需要的。

1. 回忆性提问

它要求学生通过回忆,陈述已学过的音乐知识、概念,借以强化学生对已学知识的记忆,修正错误回忆,使知识结构得到强化、提高。面对这类问题,学生无需过多思考,只需将已学的音乐知识复述出来即可。一般在讲授新知识或课堂小结时使用。这类提问从认知角度来看,属于低级认知提问,但它对于学生进一步巩固和掌握音乐基础知识和基本技能是不可或缺的。有时也可以由它自然引入新课,起到承上启下的作用。

2. 理解性提问

它要求学生用自己的语言解释、比较和说明某个音乐现象或事实，借以了解学生对学习内容的理解和掌握程度。对于这类提问，学生在回答表述中通常没有固定的标准模式，只有在理解的基础上，通过自己的语言，将教师所传授的音乐知识重新组合，才能获得圆满的答案。

3. 分析性提问

它要求学生通过各种依据、理由，对各种事实、现象进行解释和推导。这种提问能够引导学生的思维向更深、更广的方向发展，从而达到加深学生对音乐的理解力并增进其思维能力的目的。从认知水平来看，它属于高级认知水平的提问。提问后，教师除了鼓励学生积极回答外，还要适当给予提示和探询指导。

4. 综合性提问

它要求学生通过创造性思维，综合所学的音乐知识、技能，提出自己对音乐作品的见解和感受。这类问题可以帮助学生整体把握音乐作品的风格，激发学生独立思考的能力，发挥他们的想象力和创造力，全面了解音乐文化。

5. 评价性提问

评价性提问是一种要求学生运用准则和标准对观念、作品、方法、资料等作出价值判断，或者进行比较和选择的一种提问方式。它要求学生能提出个人的见解，形成自己的价值观，是最高水平的提问。在评价性提问中，教师经常使用的关键词有：判断、评价、证明、你对……有什么看法等。

四、引导深化

课堂中组织学生活动的根本目的在于掌握知识、提升能力、陶冶情感。学生的知识、能力与情感都是在一个逐步发展的过程之中，因此课堂教学应不失时机、有计划、有步骤地引导学生的活动逐步深化。具体来说，就是在活动中使学生的认知水平逐步得到提高，各种能力逐步得到发展，思想情感逐步得到升华。

从认知水平的提高来看，布卢姆及其同事们按照认知的复杂及难易程度将整个认知领域依次排列为六个层次，即识记—领会—运用—分析—综合—评价。前一层次是后一层次的基础，后一层次是前一层次的发展。

从情感的升华来看，布卢姆亦将情感领域的教学目标分为依次发展的五个层次，即接受—反应—形成价值观念—组成价值体系—价值体系性格化。活动的深化不仅体现在认知水平的提高，而且反映在情感的升华，即由被动接受活动到发生兴趣积极参与，再到道德感、理智感、美感等社会情感增强，最后到价值观的内化和人生观、世界观的形成。

从能力的发展来看，根据我国中小学的实际情况，一般可从围绕音乐教材学习的阅读、表达和操作技能入手，发展学生的认识能力，特别是观察力、想象力和思维力，进而注重自学能力、与人交往合作的能力及创造性思维能力的发展。

五、交流小结

在活动的最后阶段，一般要根据活动情况进行小结。小结可由教师用简洁的语言肯定活动的成果；表扬典型的有创见性的行为；指出活动中普遍存在的问题及改进意见；提出需要继续实践探索的问题等，使大家受益与受到启发，更好地开展后面的活动。小结也可以采取由学生展示活动成果的方法进行，让学生进行表演、交流、谈体会、介绍经验等。这样可使学生体会到成功感和愉悦感，起到互相学习、共同小结的作用。

（一）既要相信学生活动的能力，又要发挥教师的主导作用

实践证明，学生不仅喜爱自主活动，而且在活动中显示了巨大的潜能，教师只有充分相信学生的能力，才能放手让学生开展活动，让学生在活动中得到多方面的发展。有些教师由于看到活动前期的“冷场”现象或偏离目标的倾向，往往不相信学生，为了“迅速”完成教学任务，或“好心”帮助学生成功，往往采取限制学生活动或替代、包揽学生活动的做法，剥夺了学生活动的权利。另外，有的教师认为活动是学生的

事，布置下去就完全放手任其自由发展，这也是不可取的。教师要从活动设计、组织发动、辅导点拨、引导深化、交流小结等几个方面发挥主导作用。教师不仅要在设计中估计到活动中可能出现的各种问题，想好对策，而且在活动中要随时观察学生及活动进程，并据此灵活做出应变处理。

（二）教师既是活动的组织者，又是活动的参与者

教师在活动中的组织工作包括指导性组织、诱导性组织和管理性组织。活动的编排、提出要求、临场控制、适时点拨等属于指导性组织。激发活动热情、诱发活动兴趣、主导活动气氛等属于诱导性组织。管理活动秩序，处理偶发事件等属于管理性组织。值得注意的是，对活动的组织不能只限于课堂上，有时要在上课前相当一段时间做好组织准备工作，如个别发动、收集资料，与学生商量等。活动要尊重学生的意愿，重大活动前要做必要的调查，征求学生意见。课堂上也不可武断从事，应以商量的口气布置活动任务，事事尊重学生，项项征得学生的同意。在活动中教师不能高高在上，而应作为活动中的一员参加活动。实践表明，教师愈能与学生融为一体，学生活动的兴趣就愈大，主体性也发挥得愈好，活动的成效也愈大。

（三）活动既要有竞争性又要倡导合作

在课堂活动中引入竞争因素，不仅能提高学生活动的积极性和学习的效率，还有利于培养学生的竞争意识，这是将来学生走向社会的必备条件之一。研究表明，“团体赛”式的集体之间的竞争，有利于学生集体观念和合作精神的培养。因此，在课堂中引入竞争机制既有利于活动的开展，又有利于新型人才的培养。

六、教学反馈

反馈是完成教学计划的重要环节。掌握和运用反馈技能，可以了解学生的学习态度及掌握知识的情况，及时调整教师讲授内容的深浅程度，有针对性地解决课堂上出现的问题。

教学反馈就是在课堂教学中运用信息的传递和反馈，及时调整教法，使教与学紧密结合，有利于通过教师的应变能力和学生的自我评价能力的发挥，使教学真正做到因材施教，使学生在轻松愉悦的氛围中获取知识。

什么是课堂教学反馈技术？课堂教学反馈是指在整个学习过程中不断与学生沟通交流，在思维过程中始终以研究和处理系统问题为核心。通过教学反馈可以预测到学生会有什么表现，使教师比较全面地把握教学过程。课堂教学反馈技术就是教师用新的观念引导学生进行系统的、创造性的学习，并在教学中直接伴随学生智力、能力的发展，身心的和谐与丰富的教育过程，以应用知识和发展能力为目标，突出教与学之间的信息交流、信息反馈的及时性、有效性，是提高课堂教学质量的一种新颖的教学技术。

课堂教学反馈技术的特点是：及时反馈课堂教学中的信息，及时有效地调整教学程序、要求、内容，重新组织教学，弥补不足，并在新的教学过程中实施有效控制，调整学生学习的内部状态和学习结果，剔除课堂教学中的错误信息，提高课堂教学效果。

课堂教学反馈技术运用在教学中有利于提高教师的控制能力和认识能力，教师通过思维的正反馈，可以提高思维对信息的过滤和整合能力，提高信息的变换能力；通过思维的负反馈，可以缩小客体的可能性空间，提高认识能力。每一次反馈是以上一次作为输出的可能空间在作为输入的信息范围内对信息进行选择加工处理，这就提高了思维的操作能力。

课堂教学反馈技术运用在教学中，学生可以通过一定的努力获得一种评价结果，而这种评价结果作为信息返回到教师的教学中，成为调节学习过程的新信息，有利于提高教师因材施教的能力。而学生在学习过程中及时得到教师的帮助指点，答疑解惑，伴随而来的是兴奋感、轻松感和愉快感，从而增加学习的自信心，提高学习热情，强化学习动机。

随着信息化社会的不断深入，现代社会对教育提出了更高的要求，教学已不再是单纯的知识传授与被动地接受知识的过程，而是根据学生自身发展的需求不断追求与获得的过程，其间直接伴随着学生智力、能力的发展和身心的和谐与丰富，教学活动已成为一个实质性的教育过程。教育过程追求的目标是个性充分发展，在这一教学过程中既有教师独立地教，又有学生独立地学，既有师生间的合作学习，又有学生间的合作交流。怎样使教学过程和谐统一，使之发挥最大效能，这就是课堂教学反馈技术的研究重点。

（一）能促进教师的需求与学生需求的完整统一

课堂教学反馈技术具有多样性，学生的反馈信息又呈复杂性，这就要求教师要有融会贯通、高屋建瓴的能力和水平，否则难免会出现难以应对在教学中产生的各种反馈的局面。同时，这一技术的运用也要求教师具有较高的教育艺术与教学才华，因此，作为教师必须潜心研究教学技术及教学艺术，不断在实践中积累教学经验，而丰富的教学技巧和艺术又将十分有效地给予教师灵活驾驭“反馈”的能力，深化教师的实践创新和理论学习。

（二）改变传统的教学模式，使学生主动地学习

传统的教学方法是通过教师的不断提问来架设新旧知识之间的桥梁，这种教学方法缺乏思维转化过程的两个重要步骤：（1）分析—改造；（2）启发—联想。往往表现在教师一讲到底，学生被动接受，教学中也没有让学生自己对错误进行分析判断，自行纠错。学生缺乏独立思考能力，造成思维的依赖性，不能运用自己的知识技能自觉地解决变化着的问题。而课堂教学反馈技术倡导的理念是教学的过程，就是教师不断地把学什么与怎样学的信息传递给学生，学生接受了这些信息，通过大脑进行感知学的过滤（即分析思考），形成记忆，从而获得知识，再通过知识输出（讨论、作答、操作、考试），从同学、教师中吸收反馈信息，调节学法，发展思维。同时教师又不断地从学生那里收集反馈信息，有效地调整自己新的信息输出，进而控制教学，学生根据教师对他的回答所给予的评价和指导意见，调节自己的学习，从同学的讨论中获得启发来发展自己的思维，这种师生多变的信息传递和相互反馈促进了学生主动探究新知识的欲望。

（三）促使教师改变教学方式，课堂气氛更为活跃

目前课堂教学中应试教育倾向还比较明显，教学方法上仍然以教师为中心，以教代学，师生双边活动较少，教学手段上传统教学仍占主导

地位，课堂气氛比较呆板。而发展性反馈技术的研究旨在分析传统注入式教学法，改变传统教法中的不足，使课堂信息由“单向传递”变成“双向传递”，即在教师的引导下，让学生边学边思考，边总结边创新，再用所掌握的知识对学生学习情况进行检查，从而利用反馈技术来达到巩固知识、培养能力、进行研究性学习的目的。由于发展性反馈技术的运用使教师转变了心态，将教学活动从被动的任务型转为主动的自觉型，变“为教而研”为“为学而研”，促进了课堂教学气氛的融合。

第三节 音乐教师教学反思的撰写

新课程改革实施以来，对于音乐教师的专业素质要求越来越高，教学反思能力是新课改提出的音乐教师应具备的重要能力之一。作为音乐教师，一般在学校里每天任教的课时较多，教学反思因时间限制常在课后匆匆随笔而记。若学校活动开展较多，所记的教学反思就和教案放在一边，很难及时整理和进行深层次的思考。

（一）明确音乐教学反思的内容

音乐作为艺术审美课程，有其专业特性。优化音乐教学反思，首先要明确内容。音乐教学中要反思什么？教师在课堂中应关注哪些方面？通过学习实践和思考，音乐教学反思的内容可从以下角度来确定：

其一是从教学的角度看，可以从音乐教学的目标、设计、过程、效果等方面进行反思。如本课的三维教学目标（情感、态度、价值观）是否达到，相关的教学内容安排是否合理，采取的教学方法和策略是否有效，在课堂实践过程中生成情况如何等。可记录音乐课堂中的一些真实情况，亦可记录教学中某个具体环节设计的问题，问题是反思的起点。

其二是从音乐学科专业的角度看，可以从音乐审美、音乐要素、课堂呈现的音响音效等方面进行反思。如对本课中音乐要素的把握情况，所学歌曲的定调是否合理，创设的音响氛围如何，课堂中音乐作品聆听次数安排等。

其三是从教师和学生的角度看，可以从教师的音乐素养及对课堂的驾驭情况等方面进行反思，可以从学生课堂上的音乐表现、情感体验等方面进行反思，也可对师生互动情况进行反思。如教师的范唱、钢琴伴奏是否到位，教学语言是否精练优美又富有音乐性，教学评价后学生的表现与变化等。当然，并非每节音乐课的教学反思都要面面俱到，而是要根据不同内容和教学中出现的实际问题，结合音乐学科的专业特性，有目的、有侧重地反思。

（二）养成及时记录音乐教学反思的良好习惯

记录反思，应从第一时间开始。刚上完课对课堂内容的印象还比较清晰，因此，可以利用课间十分钟马上记录本节课所得所获，只言片语也行。或在一天的教学任务完成后，对当天几节课进行对比性反思，相同的内容在不同的班级施教时常有不同的效果。如果耽搁了一段时间后，当时产生的灵感和想法转瞬即逝，遗忘了就非常可惜。因此要及时进行反思随笔的撰写，并保证每天记录的习惯。只有及时记录下音乐教学实践中的所思所想，不断审视自己的教学行为，自觉进行有序调整，才能使教学过程向最优化迈进。

（三）不断学习音乐教育教学的相关教育理论

在日复一日的音乐教学工作中，如果没有新理念和新思想的不断充实更新，音乐教师的课堂教学常常就是经验的重复，就如同源头没有活水一样，缺少新意自然无感可发，也就无从反思。所以音乐教师需多阅读音乐教育书刊，了解各种教育新思潮，不断充实、更新个人的音乐教育专业知识，使自己的头脑常处于“激活”的状态。以一个研究者的心态置身于教学情境当中，冷静审视课堂，去寻找发现学生在音乐学习中需解决的问题，并针对问题进行思考，及时成文记录，以形成个人的音乐教育理念。

（四）“二次反思”定期进行整理分类

反思需要长期坚持。每天在课后记下一些感悟和得失，哪怕只是即时、发散和较粗浅的思考。在此基础上还要从教师内心的教学思想和理念进行深层次的梳理,从而进一步思考和调整。先从语言文字的逻辑上进行推敲,对于相同问题进行一系列的思考,对教学中出现的所有问题,尝试在音乐教学实践中用不同方式去解决,将所写的内容进行分类整理,进行二次反思成文;或将反思发到个人的教育云空间上,和同行进行交流探讨,产生新的见解;或在若干教学单元完成后,将所积累的反思再次进行文字总结,系统分类汇编整理成文。教师的成长过程就是不断反思的过程。反思可以帮助音乐教师把感性认识上升为理性思维,从而更好地认识自己、了解学生,真正提高自己音乐课堂教学效果。作为音乐教师,要让反思成为一种习惯,成为日常音乐教育教学活动中不可缺少的一项内容。以记促思,以思促教,日省吾身,持之以恒,定能获得自身专业能力的持续成长。

第四节　音乐教学的具体技能

一、声势活动

(一)声势的内涵

声势是奥尔夫音乐教育的一大特色。所谓声势,就是把人的身体当作天然的乐器,通过身体动作发出声响的一种动作教学(即身体的打击乐),它是人类情感交流最原始、最直接的方式,产生于语言、音乐之前,至今仍被广泛运用,对于音乐教学有着极其重要的意义。其典型的动作是由拍手、跺脚、拍腿、捻指等构成。

(二)声势在小学音乐教学中的作用

1. 激发音乐学习兴趣

俗话说:“兴趣是最好的老师”,是学习的必要前提。传统、单一、枯燥的音乐教学容易让学生产生厌学情绪,收效甚微,而利用声势进行音乐教学,能够极大地激发学生的学习兴趣,取得良好的音乐学习效果,对于小学低年级的学生尤为如此,所以我们要重视声势教学在小学音乐教学中的重要性。

2. 平衡身体协调能力

声势是以身体作为乐器,通过歌唱和听觉的体验,利用身体动作表达音乐的活动。声势活动不仅可以增强学生的音乐感知能力,还可以平衡学生的身体协调性,尤其是小学低年级的学生,身体协调能力还不足,这样不仅可以促进学生身体协调能力的发展,还能达到身体健康的目的。

3. 训练节奏感

声势以身体为乐器,通过动作挖掘人与生俱来的节奏感,体验和发展人更敏锐的节奏感。人的动作本身就富有节奏动力,从最简单的走跑到日常生活劳动都蕴含丰富的节奏素材。小学阶段是学生进行节奏感训练的最佳年龄接受期,通过声势活动可以大大提高学生的节奏感。奥尔夫的声势教学及达尔克罗兹的体态律动都提倡动作教学。

(三)声势在小学音乐教学中的具体应用形式

1. 声势教学始于“节奏”

生活中,节奏无处不在。胎儿自孕育在母亲腹中开始就已经在感知一个有节奏的“世界”,妈妈的心跳、呼吸等就是胎儿世界中的节奏。节奏是人生命中的一部分,也是音乐的骨骼。节奏是音乐学习的基础,节奏虽然能以多种形式呈现,但最原始、最本身的节奏形式还是身体的节奏,通过身体进行节奏教学,可以有效提高学生的身体协调能力,显著提升学生的音乐学习兴趣,进而发展学生音乐学科核心素养。

2. 声势的核心——音色、节奏、身体

声势是一种听觉与视觉相结合的表现形式,视觉部分是通过动作来完成的,而动作是通过听觉接受身体的反应去实现的。声势绝不是简单的动作连接,而是自然的身体反应,是三要素呈现的综合载体。声势主要包括音色、节奏和身体协调三元素。

第一，音色。我们拍手、跺脚都会发出不同的声音，每一种声乐都有其不同的音色。不同的拍手、跺脚方式以及身体的不同部位所发出的响声都是声音的主要来源。我们要善于探索我们的身体，身体的每个部位几乎都可以成为发声体，只有仔细掌握身体不同部位发声的情况，才可以拥有自己独特的“共鸣箱”。

第二，节奏。仅仅探索音色是不够的，声势是建立在节奏的基础之上的，只有将音色和节奏进行有机结合才可以使其具有鲜明的音乐性。应该说，节奏是音乐的骨骼，这就要求声势对于音色与节奏的组合不能随便进行，而要求其具有明显的音乐性特点。因此，这就会导致声势的听觉效果出现一定程度上的差别，而这也正是声势作为音乐而不是舞蹈的意义所在。

第三，身体协调。声势虽然属于音乐，而非舞蹈，但其主要利用身体的运动进行情感表达，具有十分重要的视觉上的美感，是实现视觉美感的一种重要手段。

综上所述，声势并不是简单的某一种形式，它是由音色、节奏和身体相结合的自然产物。

（四）游戏教学

爱玩是孩子的天性，在小学音乐教学中引入游戏可以释放孩子的天性，让孩子自然地流露感情，这对于小学生来说无疑是非常适合的，尤其是小学低年级的学生。在音乐教学中通过把游戏引入到声势教学中，可以极大地提高学生的学习兴趣，提升音乐学习效果。比如在一年级歌曲《小青蛙找家》的教学中，可以引入游戏与声势活动的结合，创设小青蛙找家的游戏情景，学生的学习兴趣非常浓厚，感觉整个课堂上孩子们都像一个个活泼可爱的小青蛙。

（五）歌曲教学

歌曲教学一直是音乐教学中的重点，在传统的歌曲教学中，纯粹教唱式的教学方法容易使整个课堂枯燥无味，学生没有兴趣，而在歌曲教学中引入声势活动，可以让学生唱起来、动起来，激发学生的学习兴趣，使整个课堂活跃起来。如在进行歌曲教学中可根据歌曲的节拍节奏引入“杯子”的声势活动。在歌曲《勇敢的鄂伦春》《彝家娃娃真幸福》《洋娃娃和小熊跳舞》等歌曲中让学生边唱边做“杯子”的声势活动，学生的兴致非常高。这是小学一、二年级的歌曲，在唱、做的过程中虽然开始有些孩子节奏不对，但是可以看出他们拿着杯子做声势的兴致非常高，一直在认真地做，非常开心，随着慢慢的熟悉，声势的效果也越来越好。

在不同的歌曲中可以运用不同声势动作的变化来表现歌曲，防止过度重复而显得单调乏味，当然这是建立在学生熟悉的基础上，可以适当地稍加变化，来提高学生学习的积极性。《勇敢的鄂伦春》的节奏是 2/4 拍，16 小节；《彝家娃娃真幸福》的节奏是 2/4 拍，8 小节；《洋娃娃和小熊跳舞》的节奏是 2/4 拍，12 小节。这三首歌曲音乐风格活泼欢快，节奏对仗工整，用上面的“杯子”声势活动都非常适合，学生也非常感兴趣。对于声势活动的设计，并不是局限于某一种形式，它可以是多种多样的，也可以某种形式为主，我们要根据歌曲的内容、音乐要素，设计适合该曲目的声势活动。

二、歌曲范唱

（一）范唱教学的必要性

歌唱和其他乐器有明显区别，没有固定的音高、把位、指法等比较直观可见的形式，因此在实际教学中，仅靠理论讲解不能让学生有深度的理解和熟练的把握，还需锻炼学生凭借自身听觉来判断演唱时的正误的能力，继而通过喉头、声带、下巴、口腔等歌唱器官的调整和协调，让学生对演唱有所把握。在歌唱实际教学中提到的呼吸、喉头、声带、下巴等器官，需要学生不断进行纠正练习，才能熟练地掌握发声技巧，以此发出圆润、甜美的声音。和英语老师的范读、绘画老师的范画一样，教师的范唱也是对一个音乐教师专业水平的真实反映，在实际教学中对学生有很大的影响。小学生尚处于学习的启蒙时期，对音乐的兴趣普遍较高，在记忆能力、模仿能力上均有优势，因此歌唱能力培养的可塑性很强。学生可以从音乐教师的范唱中亲身感受音乐作品的风格、演唱情绪、歌曲的节奏和情感等，并且通过对教师歌唱姿势、口型及表情的观察与模仿，以老师为榜样进行靠拢。这种教学模式下，学生在学唱时不会出现太大的偏差，尤其是对初学者来说，教师的范唱对他们能否走上正确的音乐学习道路有至关重要的作用。综上所述，在小学音乐教学中使用“范唱”教学法是非常必要的。

（二）小学范唱教学现状

1. 对多媒体过度依赖，只对新歌进行范唱

随着科学技术的发展，音乐教学的形式越来越丰富，老师教学的方式也从传统教学模式转变为现代化的多媒体教学模式，课堂展示与教学的方法也更符合当代学生的兴趣。通过查阅相关资料以及走进课堂进行实际观察后，会发现很多音乐教师在课堂上借助多媒体播放当堂将要讲授的音乐。纯粹的音乐播放能够确保音乐的准确性，但并不能将音乐的深层意境和情感表达出来，学生在课堂上也仅仅只能聆听音乐，而无法从内心感受音乐。再者，有一些音像资料和教学内容不一致，如果不是专门为教学定制的音像资料，很难保证其形式上的合理性和内容上的准确性，因此，音像资料播放的教学模式虽然便捷，但也无法从根本上取代传统的范唱教学模式。教师在范唱教学时，通过自己对歌曲的认识和理解进行演唱，即是对歌曲的二次创作，可以通过自身情感的融入更加精准地演绎歌曲内涵，这种情感的交流不仅有助于学生们的身心健康，还可以带动他们学习音乐的兴趣。

2. 乐器指导教学过多导致范唱教学实践占比减少

音乐音准的训练一般依赖于乐器设备，通过音准的听力训练能够让学生熟悉音高和每个音符的特有唱名。在传统的音乐教学中，单凭范唱教学可能有时候会因为教师个人水平的高低导致唱出的音符不够准确，时高时低，会严重地影响学生的乐感和音准，这个时候相关的音乐设备如键盘乐器就可以很好地弥补这一缺陷，可以通过反复地听辨来应对。但凡事物极必反，正因为乐器指导教学可以弥补由于教师自身水平缺陷所导致的教学误差，在现阶段的音乐教学中，教师们开始普遍过度依赖乐器指导教学。过度依赖音乐设备就会出现十分明显的负面作用，因为

这样的教学方式专业化程度过高，很多学生达不到预期的水平，继而可能衍生出消极心理，甚至抵触音乐教学。所以在对歌曲难点进行突破时，借助范唱教学可以让音乐课教学效果更好。只有恰当地把握范唱教学和乐器指导教学的比例，让学生既能接受乐器指导学习同时又不会产生抵触等消极心理，才能够寓教于乐，实现音乐教学的真正目的，这一做法同时也是对“生本理念”的践行。

（三）在小学音乐教学中使用“范唱”教学法的建议和策略

在实际音乐教学过程中，教师在进行“范唱”时要注意以下两点：对歌曲的难易程度进行深度的理解和把握；考虑学生的个体差异，因材施教地开展范唱教学。这一做法一般是在新歌学习时采用，具有启迪全曲意境和感情的作用，教师必须感情丰富地为学生进行演绎，将音乐的完美形象展现出来，进而让学生对歌曲所诠释的内容，所流露的情感以及歌曲内在所包含的韵味有切合实际的感受，激发学生对音乐曲目的鉴赏和模仿能力。将整首歌曲有节奏地、系统性地进行范唱教学，可以加深学生对该曲的记忆程度，提高学生的乐感及对音乐的连贯性模仿。教师在范唱教学的演绎过程中不仅能提高学生对音乐的生理感知，还能够激发学生学习的兴趣，提高学生自主学习时模仿以及课外拓展的积极性。相反，如果教师不进行范唱，仅仅靠语言进行阐述，学生是无法对歌曲的真实意境进行了解的，学生只能凭借自己对歌曲的理解来演唱，这样学生是无法对歌曲的音准进行明确把握的，使得歌曲的演唱学习变得枯燥乏味。如果教师在进行范唱时缺乏很好的表现，一样无法激起学生的兴趣。因此，音乐教师在进行歌曲教学时，一定要做好充分的准备，将歌曲的曲、词进行完整的背诵记忆，只有这样，老师在进行范唱时才能表达得非常熟练，才能将歌曲有声有色地进行展现，取得的音乐教学效果也才能更好。有一些曲目在音乐教学中存在一些需要反复教学和演示的难点，例如颤音、转音以及一些难以把握的音调，这个时候如果再反复进行完整范唱教学会让教学效率变得十分低下，这个时候对于重难点逐个击破就显得十分重要了。在对这些难点进行范唱时，学生对歌曲难句的演唱技巧有了清晰的认知，并且通过模仿逐步明白了美妙的声音是如何发出的，对这个攻克下来的难点就有了更清楚的认知和记忆。在进行新歌学习时，如果发现学生在对节奏变化很快或音调变化跨度大的歌曲的学习十分吃力的时候，可以通过部分范唱来帮助学生学习唱歌的技巧。

三、律动编创

（一）依托节拍节奏，丰富律动编创

达尔克罗兹把人体变成一个能够理解音乐的要求、解释音乐的乐器。通过这个人体乐器，“展示”了音乐的要素，又通过学习者的内心听觉，强调、表现了音乐的艺术性质。现有小学音乐教材中的作品，绝大多数情绪欢快、节奏鲜明、节拍明晰，符合小学生用肢体动作对音乐进行表达的需求，有利于开展律动活动。而律动编创活动恰恰是在此基础上强调从节奏入手，引导学生利用自己的肢体去表达他们对“音乐”的再理解和再创造。所以，教师应深刻剖析教材作品的音乐要素，抓住其节奏特点，引导学生进行律动编创。

1. 根据节拍强弱，把握编创规律

节奏在音乐中是音乐进行的时间的组织者，有人称它为音乐的骨架。从某种意义上讲，节奏就是音乐总的感觉。小学生正处于感知节拍与节奏的敏感期，肢体协调能力较强，内心的律动感能够通过肢体进行表达。教师应该抓住这个黄金时期，根据节拍特点，为学生创设律动编创的机会，培养其音乐节奏感。目前，小学音乐教材中作品的节拍以四二拍、四四拍、四三拍、八三拍居多，也时有特殊节拍出现。无论是何种节拍的音乐作品，强弱规律是其变化的规则和动力。教师引导学生在辨析作品强弱规律特点的基础上，进行围绕“强拍”的律动创作，可使学生在律动创作时有规律可循。如在民族管弦乐作品《阿细跳月》中，四五拍使这部音乐作品拥有鲜明的节奏特点。

教师可以固定强拍动作和弱拍动作，或只固定强拍动作，引导学生按这个强弱规律进行编创，甚至还可以进行节奏“加花”编创。学生在教师可掌控的设计安排下，自由发挥想象力和表演力，真正做到抓住节拍节奏特点，有的放矢地开展编创活动。

2. 契合节奏型特点,固定编创表现

我们把在一首乐曲中经常出现的具有典型意义和特点的一组节奏称为节奏型。听众在欣赏作品时,通常会先对节奏型产生深刻印象,它是音乐反应情绪、内容、意境、风格的直接且具体的表达。当这组节奏型在乐曲中反复出现时,即成为这首作品的典型特点。教师在设计律动编创活动时,除了按照节拍的强弱规律设计律动外,还可以根据作品的节奏型特点,组织学生进行律动编创,使学生在感受节奏型特点的同时,能用自己的律动创作反映对作品的深刻感受。比如《新疆舞曲》第二号)是一首维吾尔族风格的音乐作品,乐曲反复出现的附点及十六分音符的节奏型组合,生动地表现了敲击手鼓的律动感,仿佛把人们带到美丽的新疆,看见一群新疆维吾尔族朋友正欢快地载歌载舞。教师应抓住这个节奏型组合极富韵律感的特点,引导学生在新疆舞步的基础上,为每一节奏组合设计契合音符时值长短以及乐曲内容、情绪的律动动作,并在乐曲中固定地将其表现出来。这样能够加深学生对作品的内心感受,满足他们用肢体表现音乐的欲望。

(二)挖掘音色特点,探索音响编创

音乐是声音的艺术。除了控制身体发声器官“声带”进行发声外,生活中的一切物品对学生来说都可以是“发声”的乐器。小学生生性好动,对身边丰富的音响充满探索的欲望;且想象力丰富,对身边的音响总能产生丰富的联想。在小学音乐编创课堂里,教师要充分满足学生对于音响的渴望与探索,利用身边物品自制乐器,通过身边的音响再现故事情境等方法,激发学生的想象力与创造力以及对合作演奏的浓厚兴趣。

1. 找寻声音材料,发现天然乐器

感受、体验打击乐器可以从探索身边的声音入手。生活中随处可见“天然的乐器”,所谓的天然乐器,就是指大自然、生活中、教室里随处可见,不需要进行再次加工,经敲打后即可以发声的物体。把它们作为发声材料,通过有节奏的打击,从而生成有规则的音响。教师可先引导学生发现身边能够产生音响的物品,通过“试一试”“敲一敲”“听一听”,

感受不一样的物品通过敲击、碰撞发出的奇特音响，从而探索自制属于自己的新乐器。这样的编创课堂，学生不仅在课堂上积极探索，课下更愿意开动脑筋，寻找更多自己喜爱的“打击乐器”。

比如在《勇敢的鄂伦春》的教学活动中，在为歌曲伴奏的环节，使用传统打击乐器伴奏，必然扼杀学生探索声音、自制乐器的兴趣。教师可引导学生找寻教室里的物品发声，例如用笔头点击桌面，模拟马蹄声，为歌曲伴奏等，以此激发学生的编创欲望，培养探索精神。

2. 组合编创音响，再现故事场景

中外打击乐器种类丰富，音色各异。在编创前，教师应引导学生充分了解打击乐器的特性，如音高、材质、音色、演奏方法等，掌握打击乐器的相关知识，了解打击乐器因其材质和演奏方法的不同，导致音响效果也不同。在学生了解乐器特性的基础上，教师需创设情境，引导学生根据乐器的特点，将乐器音响与音乐形象相结合，感受乐器是如何表现人物形象、事件发生、情绪情感的，从而使学生在内心产生对音乐画面的联想。单乐器编创展现故事片段，多乐器组合编创即可展现故事场景。比如《大钟和小钟》这首歌曲的编创活动，结合钟声特点，引导学生根据不同材质、不同演奏方式，找到生活中可以代表这些声音的物品，然后在编创环节，创造性地加入这些自制乐器的伴奏，表现大钟和小钟的故事场景。

（三）借鉴创作手法，掌握旋律编创

小学生音乐学习经验尚浅，常常漫无目的、天马行空地自由创作，较难产生坚实、稳定的节拍架构和优美的旋律。小学对旋律编创要求不高，能够编创简单、易于上口的单声部简短旋律即可。模仿是旋律创作的起步，借鉴现有的旋律创作手法，是小学生旋律编创最重要的方法。教师可以从教材中剖析各种经典创作手法，再让学生根据教师提供的材料，模仿创作练习。

1. 巧用变化重复，形象引导编创

变化重复是旋律发展的基本手法，其中“同头换尾”或“同尾换头”的旋律经常在儿童歌曲创作中被采用。它使得音乐材料和音乐形象既

统一又变化，且旋律格式工整、结构清晰。这样的创作手法，生动形象地展示了旋律的发展走向，易于小学生辨析和学习。在旋律编创活动中，教师应先采用直观对比的方式，引导学生发现"相同"与"不同"，使抽象的旋律创作手法跃然于学生眼前。了解这一创作手法后，教师应鼓励学生模仿，在乐曲"不同"的部分填入旋律。借鉴传统创作手法，使学生在教师的引导下一步步体会到旋律编创的快乐和成就感。比如人教版三年级下册《小小作曲家》音乐实践活动，教师提供《小雨沙沙》旋律以及两只同头不同尾的鱼的图片，引导学生自主探索发现"同头换尾"的旋律创作特点，即前半部分相同，后半部分不同；再提供"同头"旋律，请学生编创不同的结尾旋律。这样使学生掌握基本的编创旋律技巧，为后续更复杂的旋律编创活动夯实基础。

2. 围绕骨干音，感受调式调性

著名作曲家潘振声说过："作曲对音符的运用，也像写文章一样，确有一整套严谨的规范。"调式与调性对小学生来说，虽可以感受，但是难以理解和琢磨，它是作曲的一套章法和规范。通过对现有教材的分析，让学生多听多唱具有各种特色调性的作品，使调性色彩牢牢印刻在学生心里，使骨干音更鲜明地表现出肯定调式调性的作用。学生在熟悉调式调性和主干音的基础上，再进行旋律编创更加容易。比如作品《草原上》的教学中，教师引导学生在多次感受蒙古族音乐旋律特点后，找出主要骨干音"1、2、3、5、6"，并请学生只利用这几个"骨干音"进行简单的蒙古族旋律编创。创作的难度因此大大降低了，学生更易于接受。他们的作品因紧紧围绕着"骨干音"而充满了浓浓的蒙古族音乐调性色彩，作品的完成度较好，学生的成就感较高，人人都可以是"小小蒙古音乐家"。

参考文献

[1] 陈钊安．音乐教师专业发展新策略 [M]. 哈尔滨：北方文艺出版社，2020.

[2] 芦康娥，赵彬总．中学音乐教师教学技能 [M]. 西安：陕西师范大学出版总社有限公司，2015.

[3] 赵彬总，党怀兴，张迎春，等．中学音乐教材研究与教学设计 [M]. 西安：陕西师范大学出版社，2011.

[4] 周飞，兰天航．初中音乐课堂教学设计 [M]. 海口：南方出版社，2000.

[5] 杨小超．小学音乐教学实践研究 [M]. 昆明：云南大学出版社，2021.

[6] 张湘君．学生发展核心素养视域下的课堂教学指南：中小学音乐 [M]. 长春：东北师范大学出版社，2017.

[7] 章连启．中小学音乐教育与教学 [M]. 北京：人民音乐出版社，2012.

[8] 侯文生，黄侃夫．核心素养下的音乐教学研究 [M]. 北京：中国书籍出版社，2022.

[9] 徐士家．中国近现代音乐史纲 [M]. 海口：南海出版公司，1997.

[10] 刘再生．中国音乐史基础知识 150 问 [M]. 北京：人民音乐出版社，2011.

[11] 刘再生．中国古代音乐史简述 [M]. 北京：人民音乐出版社，2006.

[12] 汪毓和．中国近现代音乐史 [M]. 北京：人民音乐出版社，1984.

[13] 陈丽芳，曹小会 . 图说中国音乐文化 [M]. 北京：华文出版社，2010.

[14] 沈知白 . 中国音乐史纲要 [M]. 上海：上海文艺出版社，1982.

[15] 程敏 . 中国音乐的历史发展与演变 [M]. 北京：中国书籍出版社，2019.

[16] 曾遂今 . 音乐传播与传播音乐 [M]. 北京：中国传媒大学出版社，2007.

[17] 徐燕，伏振兴，李兆义 . 信息技术与现代教育手段 [M]. 北京：阳光出版社，2018.

[18] 高兴 . 音乐的多维视角 [M]. 北京：文化艺术出版社，2004.

[19] 殷瑛，刘阳琼 . 中国高师音乐教育 [M]. 湘潭：湘潭大学出版社，2016.

[20] 顾晓晖 . 创新、发展、融合——我国新世纪音乐教育改革多样化模式研究 [M]. 长春：东北师范大学出版社，2018.

[21] 何婷 . 当代高校音乐艺术教育研究 [M]. 长沙：湖南师范大学出版社，2019.

[22] 王志和 . 基于网络环境高校课程混合式教学模式的研究与实践 [M]. 延吉：延边大学出版社，2019.

[23] 籍庆利 . 大学教学方法的改革创新与实践探索 [M]. 长春：吉林人民出版社，2020.

[24] 孙建柱，陈娇，高赟 . 教育理论与教学方法 [M]. 天津：天津科学技术出版社，2020.

[25] 聂凯 . 移动网络课堂与信息化教学资源的传播分析 [M]. 成都：四川大学出版社，2018.

[26] 刘冬，寇亚文，孔娟 . 器乐演奏技巧与作品赏析 [M]. 长春：吉林大学出版社，2015.

[27] 芦康娥 . 学科教育实习指南：音乐 [M]. 西安：陕西师范大学出版总社有限公司，2015.

[28] 章连启，许卓娅 . 音乐课外活动 [M]. 上海：上海世纪出版集团；上海：上海教育出版社，2003.

[29] 谢征 . 音乐教育概论 [M]. 南昌：江西高校出版社，2011.

[30] 杨满年 . 声乐训练研究 [M]. 兰州：甘肃人民出版社，2006.

[31] 杨和平,王家祥 . 音乐艺术概论 [M]. 上海：上海音乐出版社，2018.

[32] 段晋中 . 大学音乐美育教程 [M]. 北京：中国时代经济出版社，2006.

[33] 徐希茅等 . 音乐美育 [M]. 上海：上海教育出版社,2001.

[34] 田大海 . 音乐艺术教学学科教研与专业课程设置全书(第 1 卷）[M]. 合肥：安徽文化音像出版社,2004.